기독교문서선교회(Christian Literature Center: 약칭 CLC)는 1941년 영국 콜체스터에서 켄 아담스에 의해 시작되었으며 국제 본부는 미국 필라델피아에 있습니다. 국제 CLC는 59개 나라에서 180개의 본부를 두고, 약 650여 명의 선교사들이 이동도서차량 40대를 이용하여 문서 보급에 힘쓰고 있으며 이메일 주문을 통해 130여 국으로 책을 공급하고 있습니다. 한국 CLC는 청교도적 복음주의 신학과 신앙서적을 출판하는 문서선교기관으로서, 한 영혼이라도 구원되길 소망하면서 주님이 오시는 그날까지 최선을 다할 것입니다.

남은 자 신학

우리가 거룩한 씨, 그루터기!
남은 자의 반열에 서게 하소서.

그 중에 십분의 일이 오히려 남아 있을찌라도 이것도 삼키운바 될 것이나
밤나무, 상수리나무가 베임을 당하여도 그 그루터기는 남아 있는 것 같이
거룩한 씨가 이 땅의 그루터기니라(사 6:13).

The Remnant Theology
Written by Young Ho Park
All rights reserved.
Korean Edition Copyright ⓒ 2023 by Christian Literature Center, Seoul, Korea

남은 자 신학
우리가 거룩한 씨, 그루터기! 남은 자의 반열에 서게 하소서.

2023년 9월 27일 초판 발행

| 지은이 | 박영호 |

편　　집	임동혁
디 자 인	서민정 이승희
펴 낸 곳	(사)기독교문서선교회
등　　록	제16-25호(1980. 1. 18.)
주　　소	서울특별시 동대문구 천호대로71길 39
전　　화	02-586-8761~3(본사) 031-942-8761(영업부)
팩　　스	02-523-0131(본사) 031-942-8763(영업부)
이 메 일	clckor@gmail.com
홈페이지	www.clcbook.com
송금계좌	기업은행 073-000308-04-020 (사)기독교문서선교회
일련번호	2023-95

ISBN 978-89-341-2607-2(93230)

이 책의 출판권은 (사)기독교문서선교회가 소유합니다.
신저작권법에 의하여 한국 내에서 보호받는 저작물이므로 무단 전재와 무단 복제를 금합니다.

남은 자 신학

박영호 지음

그 중에 십분의 일이 오히려 남아 있을찌라도 이것도 삼키운바 될 것이나 밤나무, 상수리나무가 베임을 당하여도 그 그루터기는 남아 있는 것 같이 거룩한 씨가 이 땅의 그루터기니라(사 6:13).

CLC

목차

프롤로그 · 8

제1장 서론 · · · · · · · · · · · · · · · · · · · 16
1. 남은 자 사상의 기원 · · · · · · · · · · · · · · · 17
2. '남은 자 신학' · · · · · · · · · · · · · · · · · · 18
3. 남은 자의 뜻이 포함된 의미 · · · · · · · · · · · 20

제2장 구약성경의 남은(生殘) 자 · · · · · · · · · · 26
1. 구약성경에 나타난 "남은 자"의 용례들 · · · · · · 39
   1) 샤아르(שָׁאַר) · · · · · · · · · · · · · · · · · · 39
   2) 팔랏(פָּלַט) · · · · · · · · · · · · · · · · · · · 40
   3) 말랏(מָלַט) · · · · · · · · · · · · · · · · · · · 41
   4) 야탈(יָתַר) · · · · · · · · · · · · · · · · · · · 42
   5) 샤리드(שָׂרִיד) · · · · · · · · · · · · · · · · · 42
2. 창조와 남은 자 · · · · · · · · · · · · · · · · · · 43
   1) 아담 · 43
   2) 아벨 · 44
   3) 셋(Seth) · 45
   4) 노아 · 46
3. 족장 시대의 남은 자 · · · · · · · · · · · · · · · 49
   1) 아브라함 · 49
   2) 롯과 두 딸 · · · · · · · · · · · · · · · · · · · 51
   3) 야곱 · 52

4. 출애굽 시대의 남은 자 · · · · · · · · · · · · 54
   1) 요셉 · · · · · · · · · · · · · · · · · · · 54
   2) 모세 · · · · · · · · · · · · · · · · · · · 55
5. 가나안 정복 시대의 남은 자 · · · · · · · · · · 56
   1) 여호수아 · · · · · · · · · · · · · · · · · 56
   2) 라합 · · · · · · · · · · · · · · · · · · · 58
6. 사사 시대의 남은 자 · · · · · · · · · · · · · 59
   1) 기드온 · · · · · · · · · · · · · · · · · · 59
   2) 드보라 · · · · · · · · · · · · · · · · · · 61
   3) 삼손 · · · · · · · · · · · · · · · · · · · 62
   4) 룻 · 63
   5) 사무엘 · · · · · · · · · · · · · · · · · · 64
7. 이스라엘 왕정 시대의 남은 자 · · · · · · · · · 65
   1) 다윗 · · · · · · · · · · · · · · · · · · · 65
   2) 솔로몬 · · · · · · · · · · · · · · · · · · 66
   3) 엘리야 · · · · · · · · · · · · · · · · · · 67
   4) 이사야 · · · · · · · · · · · · · · · · · · 70
      (1) 타락한 성읍 예루살렘(사 1:21-26) · · · · · · 72
      (2) 정화되어 찌꺼기로 남은 자(사 4:2-6) · · · · 74
      (3) 거룩한 씨와 그루터기(사 6:13) · · · · · · · 75
      (4) 스알야숩(남은 자가 돌아온다) · · · · · · · · 78
      (5) 남은 자만 구원을 받는다 · · · · · · · · · · 82
      (6) 결론 · · · · · · · · · · · · · · · · · · 89
8. 소선지서 시대의 남은 자 · · · · · · · · · · · 91
   1) 호세아 · · · · · · · · · · · · · · · · · · 91
   2) 요엘 · · · · · · · · · · · · · · · · · · · 93

3) 아모스 · · · · · · · · · · · · · · · · · · 95
  4) 미가 · · · · · · · · · · · · · · · · · · · 104
  5) 하박국 · · · · · · · · · · · · · · · · · · 107
  6) 스바냐 · · · · · · · · · · · · · · · · · · 109
 9. 포로 시대의 남은 자 · · · · · · · · · · · · · 114
  1) 사드락, 메삭, 아벳느고 · · · · · · · · · · · 114
  2) 다니엘 · · · · · · · · · · · · · · · · · · 115
  3) 에스더 · · · · · · · · · · · · · · · · · · 116
  4) 스룹바벨 · · · · · · · · · · · · · · · · · 118
  5) 에스라 · · · · · · · · · · · · · · · · · · 118
  6) 느헤미야 · · · · · · · · · · · · · · · · · 119
 10. 포로 후기 시대의 남은 자 · · · · · · · · · · 119
  1) 학개 · · · · · · · · · · · · · · · · · · · 121
  2) 스가랴 · · · · · · · · · · · · · · · · · · 127
  3) 말라기 · · · · · · · · · · · · · · · · · · 133

제3장 신약성경의 남은(生殘) 자 · · · · · · · · 135
 1. 세례 요한 · · · · · · · · · · · · · · · · · · 136
 2. 예수 그리스도 · · · · · · · · · · · · · · · · 139
  1) 열두 제자 · · · · · · · · · · · · · · · · · 144
  2) 잃은 양 한 마리 · · · · · · · · · · · · · · 145
  3) 열두 광주리 · · · · · · · · · · · · · · · · 146
  4) 물고기 153 · · · · · · · · · · · · · · · · 146
 3. 사도 바울 · · · · · · · · · · · · · · · · · · 147
  1) 구원의 백성 · · · · · · · · · · · · · · · · 147
  2) 현재도 남은 자가 있다 · · · · · · · · · · · 149

   3) 7,000명을 남겨 두다 · · · · · · · · · · · · · 150

   4) 하나님의 선택 · · · · · · · · · · · · · · · · 153

  4. 사도 요한 · 154

   1) 144,000명 · · · · · · · · · · · · · · · · · · 160

   2) 종말의 때에 남은 자 · · · · · · · · · · · · · 162

제4장 교회사 시대의 남은 자 · · · · · · · · · · · **165**

  1. 스코틀랜드의 남은 자 · · · · · · · · · · · · · 167

   1) 존 낙스 (John Knox, 1514-1572) · · · · · · · 167

  2. 청교도의 남은 자 · · · · · · · · · · · · · · · 169

   1) 존 번연 (John Bunyan, 1628-1688) · · · · · · 170

   2) 조나단 에드워즈 (Jonathan Edwards, 1703-1758) · · 174

   3) 찰스 스펄전 (Charles Haddon Spurgeon, 1834-1892) · 179

  3. 한국 교회의 남은 자 · · · · · · · · · · · · · · 186

   1) 주기철 · 187

   2) 문준경 · 189

   3) 이승만 · 190

제5장 남은 자의 은유적 표현과 의미 · · · · · · · · · **193**

  1. 이슬 같고 단비 같은 존재들 · · · · · · · · · · · 193

  2. 십분의 일인 존재들 · · · · · · · · · · · · · · 201

  3. 거룩한 씨, 그루터기, 생명의 보존체 · · · · · · · 202

에필로그 · 205

프롤로그

'남은 자 신학'(The Remnant Theology)은 어떤 특정한 시대나 특정한 그룹의 사람에게만 한정된 사상이 아니다.

이 '남은 자 신학'은 '그리스도의 재림'과 '성도의 구원'이라는 성경의 가장 중요한 주제와 밀접하게 연결된 하나님의 구원 역사라는 전체 계획에서 이해해야 한다.

구약성경에서는 언약의 내용이신 그리스도의 모형으로 약속을 확인하시며, 신약성경에서는 언약의 실체인 그리스도께서 오셨다. 예수 그리스도의 초림으로 하나님 나라가 이미(already) 시작되었으며 재림(not yet)으로 하나님 나라가 완성되어 새 하늘과 새 땅에 들어가는 성경적 재림관을 확고히 믿는 신학이다.

하나님이 창세전에 그리스도 안에서 생명에 이를 사람들을 선택하신 것은 오직 그분의 선하심과 그분의 주권적이고 자유로우신 의지에 근거한다.

이러한 하나님의 선택 근거는 죄인이 가지는 믿음이나 회개 등과 같은 미리 알 수 있는 반응, 곧 예지에 의한 것이거나 인간의 순종에 의한 것이 아니다.

> 곧 창세 전에 그리스도 안에서 우리를 택하사 우리로 사랑 안에서 그 앞에 거룩하고 흠이 없게 하시려고(엡 1:4).

(For he chose us in him before the creation of the world to be holy and blameless in his sight. In love)

창세전에 우리를 예정하시고 그의 자녀로 삼으셨다. 예정의 주체는 성부 하나님이고, 예정의 기초는 성자 예수 그리스도이고, 예정의 목적은 우리를 거룩하고 흠이 없도록 하기 위함이며, 예정의 결과는 우리를 양자, 곧 남은 자 삼음이다.

그리고 예정의 범위는 모든 사람이 아니고 소수의 '남은 자'이다. 예정론은 선택과 유기를 통한 영광에 목적을 먼저 두며, 그 후에 언약론의 수단을 두셨다.

예정론은 하나님의 은혜와 깊이가 우리의 인식과 인과율을 뛰어넘는 무조건적이다. 언약론은 은혜받은 남은 자가 수동적인 존재가 아니며 이 땅에서 하나님의 언약을 수행하는 능동적인 존재이다. 그리고 언약의 조건이 되는 믿음도 하나님이 주신 선물이다.

하나님이 택하신 남은 자들에게는 믿음과 회개의 기회를 주신다. 죄인의 회심은 하나님이 선택하신 결과이지 원인이 아니다. 따라서 구원은 하나님의 영원한 선택에 기초하여 성령의 은혜로운 부르심으로 구원받은 남은 자가 영생을 얻고 주님의 재림 때에 성령의 은총 가운데 완전한 성화를 덧입고 영화로운 몸으로 부활하여 영원한 천국에 들어가서 하나님께 모든 영광을 돌리게 된다.

'남은 자 신학'은 원래 전체 그룹에서 한 부분, 즉 하나님을 향한 믿음으로 남게 된 자를 의미한다. '남은 자 신학'은 하나님의 심판 뒤에도 반드시 살아남아 있는 소수의 하나님과의 사랑 이야기이다.

구약성경은 '구원받은 자'라고 말하지 않고, 일반적으로 '남은 자'라고 표현했는데, 이를 약 540회 이상 말하고 있다. 신약성경은 구원론의 핵심 개념을 '남은 자', '택한 자'라고 말한다. 성경 전체의 흐름은 남은 자의 족보와 떠난 자의 족보를 보여 준다.

> 만군의 여호와께서 우리를 위하여 조금 남겨 두지 아니 하셨더면 우리가 소돔 같고 고모라 같았으리로다(사 1:9).
> (Unless the LORD Almighty had left us some survivors, we would have become like Sodom, we would have been like Gomorrah.)

창세전에 구속 언약에서 성부가 구원을 계획하시고 성자가 완성하시고, 성령이 적용한 택함(엡 1:4-10)을 받은 자를 남겨 두는데 그들을 '남은 자'라고 한다. 하나님이 불러 모으시고 구원하시는 하나님의 백성을 말한다.

이들은 비록 소수지만 하나님의 심판 때도 은혜의 언약 안에서 믿음으로 살아가는 사람들이다. 이것은 '우리가 모두 구원받을 자격이 없지만, 하나님이 은혜로 남겨 두셨음'을 의미한다.

유대인이나 헬라인이나 구별 없이 창세 이후로 우주의 종말 때까지 하나님의 은혜로 구원받은 자들을 가리켜 '남은 자', '교회', '영적 이스라엘', '하나님의 백성'이라 부른다. 하나님은 남은 자를 통하여 구속 역사를 이루신다.

'남은 자', 곧 샤아르(שאר), 레임마(λειμμα), 렘넌트(Remnant)란 예수 그리스도의 구원 역사를 이루는 과정에서 인간의 죄악과 타락으로 인한 심판이 주어질 때마다 약속을 이루려는 방편으로 남겨 두신 소수의 의인을 말한다. '남은 자 신학'은 구속 역사가 최종적으로 실현되는 그날까지 추호도 단절 없이 이어진다는 오묘한 진리의 신학이다.

이러한 '남은 자 신학'은 어느 시대를 불문하고 인간의 구속 역사가 진행되는 동안 하나님은 마치 '작은 조각', '남아 있는 흔적' 같은 소수의 사람을 구원한다는 의미이다.

이스라엘의 가장 암흑기, 하나님을 섬기던 나라가 이방의 우상들을 자기 신으로 숭배할 때, 하나님은 그들 가운데 무기력한 신인 것처럼 보였다. 하지만, 하나님은 엘리야 선지자뿐만 아니라, 바알에 굴복하지 않은 남은 자 7,000명을 남기셨다.

수많은 사람이 세속에 물들고 하나님을 떠나 심판을 받아 멸망할 때, 그런 상황에서도 하나님께서 '남은 자'들을 통하여 새로운 역사를 시작하셨다. 이처럼 '남은 자'는 과거 시대의 하나님 심판에서 살아남은 자들로서 새 시대의 씨가 되었다. 이사야 선지자도 새 시대의 사명을 지닌 그 남은 자에 관해 말했다.

> 만군의 여호와께서 그 남은 백성에게 영화로운 면류관이 되며, 아름다운 화관이 되실 것이라(사 28:5).
>
> (In that day the LORD Almighty will be a glorious crown, a beautiful wreath for the remnant of his people.)

엘리야의 성공적 사역은 아마도 남은 자들 칠천 인의 중보 때문이었다. 남은 자는 부패한 세상 곳곳에서 하나님의 택함 받은 백성들이 어떻게 시대를 변화시킬 것인가에 대한 명쾌한 길을 안내해 주었고,

나팔을 불었다.
  그런 의미에서 '남은 자 신학'은 다시 한번 더 곱씹어 보고 묵상하고 연구해 보아야 한다.

  나는 21세기를 살아가는데 어디에 속해 있는가?
  나는 남은 자로 속하지 못할 것인가?
  나는 어떻게 '남은 자'로 살아갈 수 있을까?
  하나님께서 왜 나를 남은 자로 부르셨는가?

  나는 '남은 자'로 선택되었다. 그러므로 힘들고 어려운 정화의 과정을 통해서 어떤 유혹에도 넘어가지 말아야 한다.
  노아 한 사람을 통해서 그 가족이 구원을 받았듯이, 라합 한 사람을 통해서 그 가족이 구원을 받았듯이, 모세 한 사람을 통해서 민족이 구원을 받았고, 요셉 한 사람을 통해서 모든 열국이 흉년의 기간에도 굶어 죽지 않고 살아났듯이, 나는 교회와 가정과 민족과 인류를 위한 그루터기, 거룩한 씨, 남은 자의 사명을 감당해야 한다.

  남은 자들은 특징이 있다.
  남은 자들은 사람을 의지하거나 인생을 기다리지 않는다.
  남은 자들은 아침 이슬 같고, 풀 위에 내리는 단비와 같다.
  남은 자들은 하나님의 이름으로 승리한다.

  나는 남은 자다!(I Am the Remnant!)
  나를 향한 그 부르심을 수락하겠는가?

세상에 흔들리지 않고, 세상을 흔드는 제자 중의 제자!
지금은 택하신 남은 자들이 일어날 때다.

나는 남은 자다!(I Am the Remnant!)
지금은 남은 자가 사람들을 구조하고, 소생시켜야 한다.
그리스도의 군사들을 세상에 풀어놓아야 할 때이다.

승산이 전혀 없을 때에도 나는 하나님의 언약 위에 서 있는 마지막 한 사람이 되겠는가?
다른 모든 사람이 거절할 때에도 나는 순종함으로 서 있는 마지막 한 사람이 되겠는가?
"나는 남은 자다"라고 선포할 수 있을 정도로 충분히 나팔을 불겠는가?

역사를 통하여 하나님께서는 국가의 영적 풍토까지 변화시키기 위해 남아 있는 작고 능력 있는 숨은 자(hidden people)를 사용하셨다.
성경은 그들을 '남은 자'라고 부른다.
오늘날에도 하나님께서는 일어서서 외치고 인도할 사람들을 구별하고 계신다.
주님은 남은 자를 기다리고 있다.
지금이 남은 자의 때이다.
시간이 얼마 없다.
하나님의 보좌로부터 메시지를 가지고 세상을 변화시키기 위해 남은 자의 목소리가 필요하다.

모세, 사무엘, 세례 요한, 사도 바울 같은 '남은 자' 말이다.
나를 향한 하나님의 부르심을 받아들여야 한다.
나는 그 부르심을 수락하겠는가?
나는 하나님의 구속 역사를 이어갈 이 시대의 귀중한 하나님의 남은 자이다.

> 내가 나를 위하여 바알에 무릎을 꿇지 아니한 사람 칠천 명을 남겨 두었다 하셨으니 그런즉 이와 같이 지금도 은혜로 택하심을 따라 남은 자가 있느니라 (롬 11:4-5).
>
> (And what was God's answer to him? "I have reserved for myself seven thousand who have not bowed the knee to Baal." So too, at the present time there is a remnant chosen by grace.)

남은 것이란 원래 있던 것의 조각이나 단편을 말한다. 남은 것은 "원래 있던 진짜에 본질적으로 결부되고 연결된다"는 뜻한다.

이 세상은 교회의 진짜 모습을 보기를 갈망한다. 그러나 슬프게도, 교회는 많은 부분에서 예수님이 본래 의도하신 것으로부터 떠나서 멀어졌다. 나는 우리의 구원자이신 그리스도께서 보여 주신 모습대로 살아가라는 부름을 받았다.

그러나 그분의 이름을 따르는 많은 사람이 전혀 그분처럼 살아가지 않고 떠난 자, 배도자로 살고 있다. 남은 자로서의 교회는 예수님처럼 행동해야 하며, 예수님을 닮아(Christ like)야 하며, 예수님이 사랑하시는 것들을 사랑하고 미워하시는 것들을 미워해야 한다.

그러나 오늘의 교회는 이런 것보다 사람들을 즐겁게 해 주는 일을 종종 더 잘한다. 영적인 모습보다 피상적인 모습을 더 많이 보여 준다.

그러나 제대로 알 것은 남은 자로서의 교회는 초자연적인 교회이다. 남은 자들에게 "일어나라"라고 촉구하는 주님의 부르심이 오늘처럼 분명한 적이 인류 역사에 일찍이 없었다. 왜냐하면, 배도자, 배신자, 떠난 자가 더 많기 때문이다.

예전에 시골 농촌에서는 불씨를 보관하는 일이 매우 중요했다. 화로나 잿더미 속에 불씨가 들어 있는 것을 보여 주던 할머니를 기억한다. 싸늘한 냉기가 도는 방에 군불을 지피러 나와 잿더미에서 불씨를 꺼내 아궁이에 불을 붙이면 온돌방이 따뜻해졌던 그때를 추억한다.

아마 '남은 자 사상'을 그림으로 보여 주는 예화일 것이다.

오늘날 죄악으로 가득 찬 세상에서 여전히 하나님의 남은 자들이 불씨처럼 남아서 하나님의 뜻을 따르며 구속 역사를 이루어야 한다. 그리고 주님의 재림을 맞이해야 한다. 그래야 하는 우리에게 마침내 위로와 힘이 넘치는 말씀이 있다.

만군의 여호와께서 온 세계 중에 끝까지 남은 자로 구속 역사를 행하시리라.

아멘!
할렐루야!

제1장

서론

하나님 나라는 '창조'부터 시작한다. 창조는 역사의 시작이며, 역사의 시작과 목적은 하나님 나라의 시작과 완성에 있다. 하나님 나라에는 5대 요소가 있다.

첫째, 왕
둘째, 통치
셋째, 영토
넷째, 백성
다섯째, 언약법

하나님은 의(義)의 왕, 평강의 왕으로 등극하신다. 하나님의 통치가 이루어지는 곳은 참 생명이 보장되며, 하나님의 통치를 받는 교회가 바로 현세 천국이다. 하나님 나라의 영토는 그 하늘(the heaven, 영적 하나님 나라, 낙원)과 그 땅(the earth, 물리적 하나님 나라)으로 창조하셨다(In the beginning God created the heavens and the earth. NIV).

하나님은 창세전에 택하신 자기 백성을 빛으로 자녀 삼으셨으며 그들이 '남은 자'이다. 하나님은 언약법으로 "예수 그리스도의 피를 통해 맺은 약정"을 세워 부활의 생명과 죽음의 지옥을 깨닫게 하셨다.

본서는 메시아로 오신 예수 그리스도가 메시아 왕국을 세우고 왕으로 등극하시고, 왕의 통치를 받는 그분의 나라인 교회를 세우며, 언약을 지키므로 생명을 받은 하나님 나라의 백성, 즉 제자, 성도, '남은 자'에 관해서 기술하고자 한다.

하나님은 남은 자를 통해서 세세토록 영광 받으시기 위해서 세상을 창조하셨다. 그러므로 하나님 나라 건설이 창조의 목적이다. 우리는 이 땅 위에 하나님 나라를 세워야 한다. "거룩하다, 거룩하다" 영광의 나라, 언약의 나라를 세워야 한다. 예수 그리스도가 재림하시면 천성에 '새 하늘과 새 땅'이 완성된다.

1. 남은 자 사상의 기원

'남은 자 사상'은 고대 근동의 수메르, 아카드, 힛타이트, 우가리트, 이집트 문화에서의 신화, 전설, 서사시, 예언, 기도, 찬송, 서간문, 연대기 등 매우 다양한 문학 양식 가운데 나타나 있다.

이 개념은 개인, 가족, 씨족, 부족, 군대, 국가, 전 인류와 같은 실재 인간들과 함께 나타난다. 자연적, 사회적, 정치적 영역에서 매우 다양한 생명의 위협들은 각각 남은 자 관념의 공통분모이다. 즉, 인간이 생명의 위협을 받았을 때 생명을 보존하기 위하여 갖는 실존적 관심을 강조한다.

'남은 자'란 말은 갱생과 회복의 본래의 잠재성을 통한 생명과 지속적인 생존을 의미한다. 남은 자 사상은 우주적인 홍수 이야기들에서 최초로 분명하게 표현되었다. 수메르와 바벨론 홍수 전승은 소수의 살아남은 생존자들 속에 인류의 모든 미래가 담겨 있다고 증언한다.

구약에서 '남은 자'에 관한 분명한 언급 중 가장 초기의 언급은 노아의 방주에서 "홀로 노아와 그와 함께 방주에 있던 자만 남았더라"라는 표현이다(창 7:23). 창세기에 나타난 초기의 다른 전승들은 불만(창 18:17-33; 19:16-24), 가족 간의 반목(창 32:8-12), 기근(요셉과 그의 형제들, 창 43:1-8)에 의한 생명의 위협에 대하여 말해 준다.

최초의 성경 전승들이 '남은 자' 사상을 생명의 위협들 가운데 배치하고, 따라서 생명을 보존하기 위한 관심 속에서 '남은 자' 사상의 원천을 입증하고 있다. 우리는 또한 그 전승들이 시초부터 '남은 자' 사상을 구속사 입장에서 강력히 강조하며 신학적 구조 속에 삽입하고 있음을 본다.

구약은 '남은 자'의 구원과 하나님의 참 백성의 핵심 구성원 사이의 긴밀한 상호 관계를 나타내며, 또한 하나님의 주도권은 모든 위협과 장애물 및 두려움에도 불구하고 계속되고 있음을 나타내고 있다. '남은 자'라는 주제는 성경적 재림의 희망과 종말론의 본질적인 부분이다.

2. '남은 자 신학'

하나님의 경륜과 섭리는 분명히 다수(Majority)의 떠난 자가 아니라 소수(Minority)의 남은 자를 택하시고, 구원의 역사를 이루어 가심으로 나타난다. 하나님은 인류 구원의 역사를 통해서 모두를 구원하지 않고, "남은 자 소수"를 통해 이루어 가신다.

　창세기부터 요한계시록까지 신구약 성경 전체에 나타난 하나님의 총체적 계획을(the whole counsel of God) 구구절절 연결해 보면 알 수 있는 중요한 성경적 사상 중 하나가 바로 "남은 자(生殘, λειμμα) 신학"(The remnant theology)이다.

　성경 66권은 40명의 저자가 1600년에 걸쳐서 하나님의 마음을 받아 쓴 계시이며, 문자적으로 영감 되고 우리의 구원을 위해 보존되었으며 성령의 조명 빛으로 올바로 깨닫는다.

　이 성경을 겸허히 연구하면 하나님의 구속 역사가 연속성이 있고 그 연결의 거룩한 흐름의 맥이 하나님이 주권적으로 시행하는 예수 그리스도의 '피로 맺은 약정'(bond in blood)임을 알 수 있다. 이 언약 사상을 찾게 되면 감탄할 수밖에 없는 '남은 자 신학'을 깨닫게 된다. 성경의 언약적 통일성을 강조하며, 성경이 하나의 '은혜 언약'임을 깨닫게 된다.

　'남은 자 신학'은 "이 도가 심히 어렵도다"라고 한다. 그러나 매우 중요한 '구속 역사 신학'이다. 성경 전체를 이해하기 위해서는 '남은 자 신학'이 어떻게 연결되고 흘러가고 있는지를 분명히 알아야 한다.

　이는 죽음의 위협과 지옥 가운데 영원한 생명을 보존하려는 인간의 천성에 관한 관심에서 그 신학의 기원을 찾는다. 또한, 그 시초에서부터 하나님의 경륜과 섭리의 은총에서 구속 역사적 의미를 강력히 시사하는 언약 신학적 틀을 갖추고 있다. 그리고 성경적 재림 신앙관이 분명해야 한다.

3. 남은 자의 뜻이 포함된 의미

(1) 보존된 자
(2) 남겨 놓음
(3) 나머지
(4) 조각
(5) 단편
(6) 평범한 자
(7) 소수
(8) 불사조
(9) 살아남은 자
(10) 언약도
(11) 숨겨진 자(hidden people)
(12) 피한 자
(13) 환난 가운데 살아남은 자
(14) 회복을 위해 보호된 자
(15) 그리스도의 신부
(16) 생명책에 기록된 자
(17) 여호와를 경외하는 자
(18) 그 이름을 존중히 생각하는 자
(19) 악에서 떠나는 자
(20) 지혜 있는 자
(21) 깨어 있는 자
(22) 이마에 인 맞은 자

(23) 성령의 인침 받은 자
(24) 겸비한 자
(25) 목적을 위해 숨겨 둔 사명 자
(26) 성령의 세미한 음성을 듣는 자
(27) 하나님의 초자연적인 기름 부음을 받은 자
(28) 선택받은 자
(29) 제자
(30) 성도
(31) 하나님의 후사
(32) 하나님의 상속자

이런 말의 핵심은 하나님의 은총의 택하심을 따라 남은 자, 마지막까지 은혜를 입고 하나님이 주신 사명을 끝까지 잘 감당하는 언약을 지킨 자를 의미한다.

> 그들은 내 백성이 되겠고 나는 그들의 하나님이 될 것이며 내가 그들에게 한마음과 한 도를 주어 자기들과 자기 후손의 복을 위하여 항상 나를 경외하게 하고 (렘 32:38-39).
> (They will be my people, and I will be their God. I will give them singleness of heart and action, so that they will always fear me for their own good and the good of their children after them.)

하나님이 죄인을 벌하실 때 심판받지 않고 살아남는 소수의 사람이 있다. 이런 사람은 고난과 역경 중에서도 죄악 된 세상과 짝하지 않고, 끝까지 하나님의 언약을 믿고 역경을 견디며 믿음의 승리를 이룬 자들이다.

그러나 하나님께서 이런 소수의 의로운 자들을 남겨 두시는 이유는 일차적으로 이들의 구원이 목적이지만, 한 걸음 더 나아가 이 의로운 자들을 통해 구속의 역사를 계속해서 이루어 가시려는 데 그 궁극적 뜻이 있다.

성경에서 말하는 하나님을 멀리 떠난 자의 비참한 모습이다. 가인, 함, 이스마엘, 에서, 그리고 가룟 유다 등이다.

(1) 마귀의 종
(2) 유혹자
(3) 살인자
(4) 악한 자
(5) 망할 자
(6) 거짓의 후손
(7) 불신자
(8) 불의자
(9) 죽은 자
(10) 배신자
(11) 배도자
(12) 도피자

사실 성경 전체에 나오는 인물이 약 2,930명인데 약 30퍼센트가 남은 자, 70퍼센트가 떠난 자, 배신자, 배도자로 보인다. 하지만, 그 남은 자를 통하여 하나님의 구속 역사가 이루어져 왔다.

그 남은 자의 삶을 통해서 하나님 나라를 확장하는 과정을 연구하는 것이 얼마나 가치와 보람이 있겠는가?

성경 전체의 주제는 '생명과 죽음'이다. 언약을 지키면 생명이 살아 있고, 지키지 않으면 영원한 형벌의 죽음이다. 생명이 있는 자가 '남은 자'이며, 인류 역사 속에 계속 나타난다.

구속 역사는 끊이지 않고 계속된다. 하나님의 구속 역사의 핵심적 역할을 감당하는 남은 자는 언약을 지키는 하나님의 사람이다. 언약은 하나님의 주권 속에서 예수 그리스도의 '피로 맺은 약정'(bond in blood)이다. 이 약정은 맹세이고 헌신이다. 남은 자는 거룩한 백성이 되고 이 땅에 하나님의 사랑을 위한 도구로 부르셨다.

그런데 우리들의 모습은 하나님의 원수와 배도자가 되어 멀리 떠난 자처럼 살아갔다. 하나님이 심판해야 하는데 하나님의 은혜는 모든 사람을 심판하실 수 없다. 이때 심판에서 생존하여 남은 자를 하나님은 이스라엘의 거룩한 씨로 남겨 놓으셨다.

비록 이스라엘이 패역하고 계속 떠난다 할지라도 하나님은 그들을 아주 멸망하도록 내버려 두지 않으시고 그 가운데서 하나님의 은혜를 받고 돌아오는 자가 되게 만드신다. 그들이 바로 이스라엘의 남은 자이며 이스라엘의 희망이고 미래이다(사 1:29-31).

성경에 등장하는 남은 자 중에 모세는 하나님께 불순종하는 죄를 범했으며(민 20:7-13), 엘리야는 절망과 낙심에 빠졌고(왕상 19장; 약 5:17), 다윗은 악행을 범했고(삼하 11-12장), 베드로는 주님을 부인했으나(눅 22:54-62), 그래도 그들은 회개하고 하나님의 은혜를 받았다.

이 남은 자는 하나님의 거룩성을 강조한다. 동시에 다음과 같은 특징을 가진다.

(1) 하나님의 심판을 받아 포도원의 망대와도 같이, 원두밭의 상징 막과도 같이 겨우 남아 있다(사 1:8-9).
(2) 최후 모습은 베어진 나무의 그루터기와도 같다(사 6:13).
(3) 감람나무를 흔들 때에 가장 높은 가지 꼭대기에 남아 있는 몇 개 안되는 열매와도 같다(사 17:4-6).
(4) 산꼭대기의 깃대와 같이 초라하다(사 30:17).

그러나 여기에 하나님의 구원이 있다. 그리고 정화의 과정을 거쳐 새롭게 등장할 남은 자들이 시온을 회복하는 주체로 등장한다.

남은 자는 예루살렘을 의의 성읍, 신실한 고을로 건설할 것이며(사 1:21-26), 파괴된 곳에서 신실한 백성들로 돌아오게 될 것이다(사 10:20-23).

그들은 약속의 땅에 다시 터를 잡고 거룩한 하나님 나라의 백성으로 장성함으로써 새롭게 하나님의 나라를 건설해 나갈 것이다.

> 유다 족속 중에 피하여 남는 자는 다시 아래로 뿌리를 박고 위로 열매를 맺히리니 이는 남는 자가 예루살렘에서 나오며 피하는 자가 시온에서 나올 것임이라 만군의 여호와의 열심이 이를 이루시리이다(사 37:31-32).
>
> (Once more a remnant of the house of Judah will take root below and bear fruit above. For out of Jerusalem will come a remnant, and out of Mount Zion a band of survivors. The zeal of the LORD Almighty will accomplish this.)

남은 자에 의해 회복될 시온의 회복은 그 영역이 예루살렘에 머무르지 않고 우주적인 개념을 가지고 있다. 이사야에게 시온은 하나의 나라로 그 개념이 확장되고 있는데, 그 나라는 이 땅의 모든 경계선의 끝까지 확장된다(사 26:15). 유다 땅에 한정되거나 하나의 민족으로 제한되지 않고 전 세계 백성으로 확장될 것이라는 소망을 품고 있다.

"이스라엘이 새로운 존재가 되었다"라는 말은 바울이 말한 것처럼 남은 자는 새로운 피조물로 서야 한다는 것이다. 이를 위해서는 내면부터 변화되어야 한다.

> 그런즉 누구든지 그리스도 안에 있으면 새로운 피조물이라 이전 것은 지나갔으니 보라 새것이 되었도다(고후 5:17).
>
> (Therefore, if anyone is in Christ, he is a new creation; the old has gone, the new has come!)

하나님은 태초에 하나님 나라를 시작했으며, 역사 안에서 시작된 그 하나님 나라에 '초림으로 성육신함'으로써 점진적 발전의 일차 성취를 이루셨고, 재림하셔서 새 하늘과 새 땅으로 하나님 나라를 완성하신다.

따라서 본서를 통해 역사 속에서 시대별로, 또는 인물별로 나타난 '남은 자'들의 사명과 역할을 고찰하려고 한다.

제2장

구약성경의 남은(生殘) 자

구약성경의 핵심 사상은 '남은 자 신학'이다.

'남은 자'들은 무서운 환란과 재난에서 살아남은 공동체의 한 무리를 말하거나, 공동체의 미래 생존이 달린 한 무리를 가리키는데, 이들은 구약 전반에 걸쳐 나타난다.

구약 시대에 이스라엘이 우상 숭배에 빠지고 앗수르와 바벨론에 멸망하여 사로잡혀 간 가운데서도 하나님에 대한 신앙을 포기하지 않은 '남은 자'들이 있었고 그들이 돌아와 이스라엘의 신앙을 회복하고 부흥시켰다.

'남은 자 사상'은 창세기부터 구속 역사의 입장에서 강력히 강조하여 신학적 구조 속에 삽입하고 있다. 구약은 '남은 자'의 구원과 하나님의 참 백성의 핵심 구성원 사이의 긴밀한 상호 관계를 나타낸다.

또한, 하나님의 주도권은 모든 위협과 장애물 및 두려움에도 불구하고 계속되고 있음을 보여 준다.

특히, '남은 자 신학'은 성경의 희망과 종말론의 본질적인 부분으로 연결해서 볼 때, 그 의미가 분명하게 드러나는데, 왜냐하면 남은 자들이 이스라엘 종말론의 근본적 요소 중 하나이기 때문이다.

창세기 1장부터 11장을 편의상 창조 시대로 분류하면, 그 주제는 네 가지로 나뉜다.

(1) 하나님의 천지 창조
(2) 인간의 타락
(3) 홍수 심판
(4) 바벨탑 사건

창세기의 아담에서 시작하여 노아의 홍수 사건, 아브라함, 룻 이야기, 야곱과 에서의 이야기, 요셉 이야기에서 나타나고 있으며, 엘리야의 이야기 가운데에서도 그 남은 자 사상을 엿볼 수 있다.

물론, 분열 왕국 시대의 아모스, 이사야, 포로 귀환 시대의 학개, 스가랴에서는 말할 것도 없고, 더 나아가 시리아, 블레셋, 아라비아, 바빌론, 모압 등지에 나타나는 것이 '메시아가 오신다'는 사상이며, 그를 영접하는 사람이 '남은 자'이다.

"남은 자 신학"은 구약에서 아담의 가죽옷과 노아 방주의 역청과 홍수 심판(창 6:1-9:29), 모리아 산의 숫양 등 여러 곳에서 오실 메시아의 모형과 예표로 믿는 사람은 하나님의 은혜로 남게 됨을 가르친다.

아브라함은 믿음의 학교를 졸업했다. 하지만 이스라엘은 믿음의 학교를 졸업하지 못했다. 출애굽 직후 광야에서의 이스라엘뿐 아니라 약속의 땅에 도달한 이후에도 마찬가지였다. 그들은 끝없이 흔들렸다. 유혹이 밀려올 때마다 하나님을 원망하거나, 다른 신들과 세상의 좋아 보이는 것들을 추종하였다.

이스라엘 역사에서 드러난 사실은 이스라엘 백성 중 남은 자들만이 하나님의 약속을 신뢰했다는 사실이다(시 106:6-43; 렘 7:23-26; 겔 20:5-31).

하나님이 에스겔을 통해 경고하셨듯이 이스라엘은 언제나 "패역한 백성"이었다(겔 2:3). 출애굽 사건을 통해 하나님께서는 이스라엘을 상황적으로 노예 생활에서 구원하셨지만, 영적으로는 죄의 노예 상태에서 구원하지 않으셨다(신 29:4; 6:9-10; 롬 11:7-8; 고후 3:14).

급기야 하나님이 죄를 범한 아담과 하와를 에덴동산에서 쫓아내셨듯이, 불신에 대한 형벌로 이스라엘을 약속의 땅에서 추방하셨다. 시내 산 언약 또한 깨진 것이다(출 16:28; 32:1-20). 하지만 아담과 하와에게 가죽옷을 입히시고 여자의 후손을 통해 구원을 약속하신 것처럼(창 3:15, 20), 바벨론 포로 생활 또한 이스라엘 역사의 종지부를 찍는 사건은 아니었다.

이스라엘의 체험을 통해 우리는 이스라엘이 광야에서 언약을 파기한 후에 처음으로 선언된 진리를 배우게 된다.

> **여호와는 긍휼이 많으시고, 은혜로우시며, 노하기를 더디 하시고, 인자하심이 풍부하시다**(시 103:8).
>
> (The LORD is compassionate and gracious, slow to anger, abounding in love.)

바벨론 포로 생활 중에도 하나님은 심판이 아니라 자비를 베푸셨다. 바벨론 포로 생활은 이스라엘을 멸하려는 하나님의 계획이 아니었다. 오히려 하나님께서는 이스라엘이 패역하였기에 당신의 거룩한 이름을 보존하기 위해 이스라엘을 바벨론으로 보낸다. 이스라엘 백성이 귀환하는 와중에도 하나님은 이스라엘 안에 신실한 소수를 남겨 두셨다. 그들을 통해 당신의 약속을 이어 가셨다. 불신이라는 죄에서, 불신으로 야기된 자멸에서 이스라엘을 구원하기 위함이다(렘 31:1-40; 겔 36:22-38). 하나님께서 의도하신 바는 이스라엘을 깨끗케 하시는 것이었다(사 48:9-11).

바벨론 포로 사건에서 드러난 하나님의 진노는 "남은 자들"을 불러 깨끗케 하였고, 그들의 믿음을 튼튼하게 세워 주신 것이다. 하나님께서 '하나님의 백성들'을 만들어 가는 것이다.

> 그날에 이스라엘의 남은 자와 야곱 족속의 피난한 자들이 다시는 자기를 친 자를 의지하지 아니하고 이스라엘의 거룩하신 이 여호와를 진실하게 의지하리니, 남은 자 곧 야곱의 남은 자가 능하신 하나님께로 돌아올 것이라 이스라엘이여 네 백성이 바다의 모래 같을지라도 남은 자만 돌아오리니 넘치는 공의로 파멸이 작정되었음이라 이미 작정된 파멸을 주 만군의 여호와께서 온 세계 중에 끝까지 행하시리라(사 10:20-23).
>
> (In that day the remnant of Israel, the survivors of the house of Jacob, will no longer rely on him who struck them down but will truly rely on the LORD, the Holy One of Israel. A remnant will return, a remnant of Jacob will return to the Mighty God. Though your people, O Israel, be like the sand by the sea, only a remnant will return. Destruction has been decreed, overwhelming and righteous. The Lord, the LORD Almighty, will carry out the destruction decreed upon the whole land.)

하나님께서는 반역한 무리가 회개하면 회복시켜 주실 것이다(사 1:19-27; 미 7:18-20). 그러나 하나님은 그런 회개와 관계없이 신실한 하나님의 백성들을 남겨 두셨다.

그들이 바로 '남은 자'이다. 그들을 여호와를 진실하게 의지하는 자들이다. 아브라함과 같이 어떠한 상황 속에서도 신실하게 하나님을 신뢰하는 소망의 사람들이다. 하나님 나라의 역사는 남은 자들의 역사이다.

> 이스라엘이여 네 백성이 바다의 모래 같을지라도 남은 자만 돌아오리니 넘치는 공의로 파멸이 작정되었음이라(사 10:22).
>
> (Though your people, O Israel, be like the sand by the sea, only a remnant will return. Destruction has been decreed, overwhelming and righteous.)

참으로 무서운 말이다. 이스라엘은 하나님께서 선택한 백성이지만 그들이 다 구원을 받는 것이 아니다. 남은 자만이 구원받는다.

남은 자들을 제외한 이스라엘은 공의로 파멸이 작정되었다. 그들은 파멸할 것이다. 그것이 하나님의 정의이며 그것이 하나님의 예정이다. 예레미야도 똑같은 메시지를 선포한다.

> 내가 내 양 떼의 남은 것을 그 몰려갔던 모든 지방에서 모아 다시 그 우리로 돌아오게 하리니 그들이 생육하고 번성할 것이며, 내가 그들을 기르는 목자들을 그들 위에 세우리니 그들이 다시는 두려워하거나 놀라거나 잃어버리지 아니하리라 여호와의 말씀이니라(렘 23:3-4).

(Therefore this is what the LORD, the God of Israel, says to the shepherds who tend my people: "Because you have scattered my flock and driven them away and have not bestowed care on them, I will bestow punishment on you for the evil you have done," declares the LORD. "I myself will gather the remnant of my flock out of all the countries where I have driven them and will bring them back to their pasture, where they will be fruitful and increase in number.)

하나님의 역사는 이렇게 인간의 잘잘못과 관계없이 하나님의 섭리와 일하심을 통해 이어진다.

여기서 주목해야 할 것은 남은 자이다. 하나님께서 하나님의 백성들을 새롭게 창조해 나가신다. 남은 자들이 바벨론 포로 생활을 마치고 귀환했을 때 조국의 상황은 하나님께서 선지자들을 통해 약속하신 것과 전혀 달랐다.

주전 538년의 귀환은 하나님의 기적을 통해서가 아니라 이방의 왕인 고레스의 정치적 책략을 통해 이루어졌다(슥 1:1-4; 사 44:28-45). 그들의 귀환은 초라하기 짝이 없었다. 제1차 귀환이 너무 미미했기에, 에스라는 그보다 더 많은 무리를 이끌고 제2차 귀환에 오른 스룹바벨에 자신의 권한을 넘겨 주어야 했다(슥 1:11-2:2).

찬란하게 독립 국가로 세우셔서 이방 민족들을 다스리게 할 것이라는 기대는 보잘것없는 도시국가를 세우는 것으로 대체되었다. 그것도 주변 세력들과 투쟁을 벌인 끝에 폐허 위에 간신히 세워졌다. 살아남기 위해 바사 제국에 기대지 않으면 안 되었다.

현실은 약속과 너무 달랐다. 해가 갈수록 상황은 더욱 절망적이었으며, 공동체의 사기는 완전히 땅에 떨어지고 말았다. 하나님의 임재의 상징이며, 이스라엘 예배의 중심이라고 할 수 있는 성전 재건 사업도 22년 동안의 온갖 고생 끝에 주전 516년에야 가까스로 이루어졌다.

하나님의 직접적이고 초자연적인 개입을 통해서가 아니라 바사 제국의 도움을 통해서였다(슥 6:1-12). 솔로몬 성전을 익히 알고 있던 사람들은 '새 성전의 규모가 너무 보잘것없다'는 생각에 눈물을 흘렸다(슥 3:1-6). 그런데 예루살렘은 어수선하고 새 성전은 보잘것없었음에도 학개와 스가랴와 같은 선지자가 나타나 "하나님께서 택하신 백성들을 버리시지 않았다"고 선포하고 있다. 선지자들은 아직도 하나님께서 그들과 함께하신다고 선포했다(학 2:5).

학개 선지자는 "조금 있으면 하나님께서 땅과 모든 나라를 진동시키시고, 모든 나라의 보물을 성전에 들이실 것이며, 그 성전을 솔로몬의 옛 성전보다 더욱더 영광스럽게 하실 것이다"(학 2:6-9)라고 선포했다.

스가랴도 같은 예언을 하였다. 예루살렘으로 귀환한 무리들은 소수였지만 하나님의 백성이었고, 남은 자들이 있었다(학 1:12-14).

현재의 상황은 하나님의 약속을 의심케 하지만 하나님은 약속을 잊지 않으셨다(슥 8:2-8). 믿음은 이어지고 있었다. 바벨론 포로 생활 이후의 하나님의 백성 이야기는 아브라함과 마찬가지로 '역경 중에 하나님의 약속을 신뢰하려는 처절한 투쟁을 기록한 이야기'라고 할 수 있다(학 1:1-2:9; 슥 1:16; 4:6-10; 6:15).

한쪽에는 하나님의 약속 말씀이 있고, 다른 쪽에는 이러한 약속을 의심케 하는 상황이 펼쳐지고 있다. 하지만, 하나님은 이미 약속을 지키기 시작하셨다. 백성들이 약속의 땅으로 돌아오기 시작했으며,

성전이 건축되었고, 예루살렘은 차차 안정을 되찾고 있었다.

모든 것은 하나님께서 당신의 백성들을 위해 일하고 계시다는 증거였다. 아브라함의 경우처럼 하나님은 이스라엘에게 하신 약속을 부분적으로 성취하셨다.

그래서 이스라엘 중에 신실하게 남은 자들은 믿음을 이어 갔다. 상황을 바라보고 믿음을 저버리기보다 기대의 방향을 미래로 바꾸었다. 소망을 가진 사람들로 바뀐 것이다. 하나님의 약속은 지금 불완전하게 성취될지라도 훗날 완전하게 성취될 것이다.

> 믿음을 따라 죽었으며 약속을 받지 못하였으되 그것들을 멀리서 보고 환영했다 (히 11:13).
>
> (All these people were still living by faith when they died. They did not receive the things promised; they only saw them and welcomed them from a distance. And they admitted that they were aliens and strangers on earth.)

하나님의 약속에 대한 소망은 그분의 신실하심을 믿는 것에 기초한다. 따라서 믿는 자는 현재 성취되지 않은 약속들이 미래에는 틀림없이 이루어질 것이라는 확신을 새롭게 가져야 한다. 약속은 성취될 것이다. 오늘이 아니라면 내일 이루어질 것이다.

그러므로 역경을 당할 때 소망은 "영혼의 닻"이 된다. 하나님께서 하실 일에 대한 확신이 서면 현재의 고난을 인내할 수 있다.

하나님의 백성들이 소망을 갖는 것은 순진해서가 아니라 "믿는 자를 알기" 때문이다(딤후 1:12). 그런 까닭에 이스라엘의 역사는 여호와를 변함없이 믿으라고 촉구한다. 하나님의 목적은 바뀌지 않는다.

하나님께서 이스라엘 역사 속에서 일하셔서 백성들에게 믿음과 소망을 가르치셨듯이, 지금도 미래에 대한 하나님의 약속을 신뢰하는 자를 창조하는 일을 계속하신다.

십자가 이후의 그리스도인들은 바벨론 포로 생활 이후의 남은 자들처럼 소망으로 구원을 얻었음을 깨닫는다. 하나님의 백성들은 하나님께서 그리스도 안에서 약속하신 모든 것이 성취될 미래를 바라보아야 한다. 하나님의 임재하심 가운데 겪는 시련은 장차 다가올 하나님의 구속을 더욱 사모하게 만든다. 고난은 이 세상에 대한 미련을 떨쳐 버리고 저 세상으로 우리의 시선을 향하게 한다.

어떤 상황에서든 하나님을 신뢰하는 법을 배우며 우리 앞에 놓인 것을 굳게 확신할 때 고난은 약속을 신뢰할 수 있는 발판이 된다.

> 하나님을 사랑하는 자 곧 그 뜻대로 부르심을 입은 자들에게는 모든 것이 합력하여 선을 이루느니라(롬 8:24).
> (For in this hope we were saved. But hope that is seen is no hope at all. Who hopes for what he already has?)

이사야 10:20-23에서 기억해야 할 단어는 '남은 자'이다.

> 이스라엘의 남은 자가 여호와를 진실히 의뢰하리니(사 10:20).
> (In that day the remnant of Israel, the survivors of the house of Jacob, will no longer rely on him who struck them down but will truly rely on the LORD, the Holy One of Israel.)

남은 자가 능하신 하나님게로 돌아올 것이라(사 10:21),

(A remnant will return, a remnant of Jacob will return to the Mighty God.)

바다의 모래 같을찌라도 남은 자만 돌아 오리라(사 10:22)

(Though your people, O Israel, be like the sand by the sea, only a remnant will return. Destruction has been decreed, overwhelming and righteous.)

많은 사람이 믿음의 길에 들어선다. 하지만 모두 다 믿음의 길을 가는 것은 아니다.

상황이 어려워지고 약속이 이루어지지 않거나 늦어지는 것처럼 보이면, 많은 사람이 하나님에게서 돌아선다. 믿음의 길에서 돌아선다. 자기 스스로의 힘으로 안전을 추구하며 자기의 욕망을 좇는 이들은 패역한 백성이 되어 파멸할 것이다. 그것이 하나님의 정의이다.

오직 소수의 남은 자들만이 끝까지 하나님을 신뢰하며 약속을 소망으로 바라보며 믿음의 길을 달려갈 것이다. 우리 언약도는 하나님 나라 역사의 한 페이지에 남은 자로 기록되어야 한다. 사실 어느 시대마다 남은 자는 소수이고 떠난 자가 많다.

출애굽기 32장에서는 이스라엘 백성들이 금송아지를 형상화해서 하나님을 대신해 섬겼다고 했다. 그러나 모세와 여호수아는 하나님을 금송아지로 만들어 숭배한 죄에 가담하지 않았다. 하나님께서는 크게 진노하셨고 이스라엘 백성들을 버리시겠다고 하셨다.

그러나 하나님께서 모세의 중보기도를 들으시고 이스라엘 백성들에게 회개할 기회를 주셨었다. 그래서 3,000명만 희생되어 죽고, 나머지는 우상 숭배 죄를 회개하고 다시 하나님을 섬겼던 모습이 나온다. 북이스라엘의 여로보암 왕 때도 이스라엘의 열 지파가 금송아지를 섬겼고 유다 지파는 남유다를 세우고 예루살렘에서 우상 없이 살아계신 하나님을 섬겼다. 그러나 남유다도 북이스라엘의 영향을 받아 바알과 아세라 우상 숭배 외에도 이방 여러 나라의 우상 숭배를 받아들였다. 그 증거는 예루살렘 성전 안에서 온갖 우상들이 쏟아져 나왔었기 때문이다. 히스기야 왕 때와 요시야 왕 때 성전 정화를 했을 때 온갖 우상들을 제거했었기 때문이다.

그러나 어느 시대든지 남은 자들이 있었다. 사람들이 하나님을 떠나고 우상 숭배로 배도에 빠졌을 때도 항상 하나님을 섬기는 믿음을 버리지 않았다.

엘리야가 하나님을 섬기는 사람은 나 혼자뿐이라고 탄식할 때 하나님께서는 7,000천 명이 바알과 아세라에게 무릎을 꿇지 않고 하나님을 믿는 믿음을 지키고 있다고 말씀하셨다.

이사야 선지자 때도, 예레미야와 에스겔 선지자 때도, 모든 사람이 우상 숭배로 타락하고 하나님을 떠나 버린 것 같았지만, 하나님만 전심으로 섬기며 믿음을 지키는 하나님의 사람들이 있었다. 이 남은 자들이 하나님 신앙을 지금까지 증거하고 있다.

그러나 성경에서 남은 자 사상을 연구하는 것은 매우 중요하다. 비록 기독교 인구가 상수리나무의 맨 꼭대기에 남아 있는 몇몇 개의 열매 정도밖에 안 되더라도 이들을 통해 하나님의 역사를 이끌어 나가게 하신다. 하나님은 하나님 편에 남은 자들을 통해 하나님의 말씀인 성경을 쓰게 하셨고, 하나님의 일에 사용하셨고, 하나님의 구원 역사를 이루어 가고 계신다.

그러므로 비록 우상 숭배를 버리고 하나님을 섬기는 사람들이 얼마 안 되어도 실망하지 말고 우리는 하나님이 기뻐하시는 남은 자들이 되어야 할 것이다.

아담, 셋, 에녹, 노아, 아브라함, 이삭, 야곱, 요셉, 모세, 다윗, 사무엘, 이사야, 히스기야, 요시야, 예레미야, 에스겔, 다니엘과 요셉과 마리아, 세례 요한, 베드로, 바울과 종교 개혁자들이 남은 자가 되어 하나님의 구원 역사를 이루어 나가고 있었다.

우리도 믿음의 조상들처럼 남은 자들이 되어 주 예수 그리스도로 말미암은 구원의 역사를 이루어 나가는 남은 자들이 되어야 한다.

(1) 가죽옷을 입은 아담(창 3:21).
(2) 대홍수 가운데서 살아남은 노아의 가족(창 6:5-8).
(3) 바로의 남아 대학살에서 살아남은 모세(출 2장).
(4) 출애굽 1세대로서 광야에서 살아남은 여호수아와 갈렙 (민 14:29-30).
(5) 아합의 여호와 신앙 말살 정책 때 바알에 무릎을 꿇지 않은 7,000명의 성도(왕상 19:18).
(6) 남유다가 바벨론에 멸망 당할 때 하나님께서 남겨 두신 자 (사 10:20; 미 2:12-13).

'남은 자'의 모든 것은 사람의 능력이 아닌 오직 하나님의 구원하시는 은혜로 가능하다.

"하나님께 은혜를 받음으로"(By receiving the grace of God) 가능하다. 모든 성도는 우리 스스로 남은 자가 아니라, 하나님의 뜻을 따라 남겨진 존재임을 알고 기억해야 한다.

> 그런즉 이와 같이 이제도 은혜로 택하심을 따라 남은 자가 있느니라(롬 11:5).
> (So too, at the present time there is a remnant chosen by grace.)

> 곧 창세전에 그리스도 안에서 우리를 택하사(엡 1:4).
> (For he chose us in him before the creation of the world to be holy and blameless in his sight. In love)

오직 구원받아 하나님의 자녀가 된 것은 하나님 아버지의 전적인 은혜이다. 참된 신앙의 핵심은 구원이 전적으로 하나님의 주권적인 사역과 오직 그분의 은혜로 말미암으며 이는 오직 그리스도를 믿음으로 주어지는 것이다(엡 2:8-9; 딛 3:5).

아담도 하나님의 은혜로!
아브라함도 하나님의 은혜로!
엘리야도 하나님의 은혜로!
깨어 있던 참 선지자들도 하나님의 은혜로!
예루살렘 성전이 멸망하기 전 먹 그릇을 찬 자도 은혜로!
이마에 인 친 자들도 하나님의 은혜로!
다니엘과 세 친구도 하나님의 은혜로!
말라기 시대에도 하나님의 은혜로 남은 자들이다!

만물이 주에게서 나오고 주로 말미암아 주께로 돌아감이라. 그에게 영광이 세세에 있을지어다. 아멘(롬 11:36).

(For from him and through him and to him are all things. To him be the glory forever! Amen.)

1. 구약성경에 나타난 "남은 자"의 용례들

1) 샤아르(שָׁאַר)

히브리어로 약 266회, 아람어로 10회 사용되었다. 이 단어는 무가치하고 수적으로 적으나 끝까지 남김을 받은 하나님의 특별한 은총을 입은 자들을 가리킨다.

'남은 자'(신 3:11), '남은 수'(신 4:27), '남아 있는 자'(렘 8:3), 특히 선택과 정화의 과정에서 하나님께 충성된 백성으로 보호함을 받아 살아남은 무리를 묘사하는 데 많이 사용되었다(창 7:23; 45:7; 왕상 17:18; 렘 23:3; 사 10:22; 미 4:7).

일반적으로 이 말은 강한 미래지향적인 면을 나타내는 말로써 그 규모와 관계없이 남은 자의 갱생에 대한 가능성을 강조한 말이다.

르바임 족속의 남은 자는 바산 왕 옥뿐이었으며(신 3:11).

(Only Og king of Bashan was left of the remnant of the Rephaites. His bed was made of iron and was more than thirteen feet long and six feet wide. It is still in Rabbah of the Ammonites.)

그 열국 중에 너희의 남은 수가 많지 못할 것이며(신 4:27).

(The LORD will scatter you among the peoples, and only a few of you will survive among the nations to which the LORD will drive you.)

이 악한 족속의 남아 있는 자, 무릇 내게 쫓겨나서 각 처에 남아 있는 자(렘 8:3).

(Wherever I banish them, all the survivors of this evil nation will prefer death to life, declares the LORD Almighty.')

"남아 있다"(to remain), "남겨지다, 뒤에 남다"(be left over, be left behind), "남겨 두다, 떼어 놓다"(to left remain, to have left) 등을 의미한다.

2) 팔랏(פָּלַט)

구약성경에 약 80회 등장하는 단어로 같은 어족의 여러 가지 셈어들에도 나타난다.

특히, 이 단어는 전쟁에서 피하여 살아남은 자들을 말할 때 흔히 사용된다. 그리고 죽음의 위기로부터 극적인 구출을 받아 하나님의 이름을 부르는 자들을 가리킨다. '피난한 자'(사 4:2), '남은 자'(욜 2:32)라는 의미이다.

하나님의 백성 중 일부는 여호와의 최후 심판을 면하게 될 것이며(사 4:2; 욜 2:32), 심지어 믿음이 있는 이방인들까지 이 심판에서 구원받을 수 있다(사 66:19).

그 땅의 소산은 이스라엘의 피난한 자를 위하여 영화롭고 아름다울 것이며(사 4:2)

(In that day the Branch of the LORD will be beautiful and glorious, and the fruit of the land will be the pride and glory of the survivors in Israel.)

남은 자 중에 나 여호와의 부름을 받을 자가 있을 것임이니라(욜 2:32).
(And everyone who calls on the name of the LORD will be saved; for on Mount Zion and in Jerusalem there will be deliverance, as the LORD has said, among the survivors whom the LORD calls.)

3) 말랏(מלט)

구약성경에 약 89회 사용되고 있으며, 팔랏과 같이 '도피하다', '구출하다', '알을 낳다' 등 동사로 사용되었다.

한 민족, 한 집단이 떼 죽음 당하는 전멸의 위기 속에서 도피하는 것이 불가능하고(사 20:6), 전체가 멸망되었음(삿 3:29; 렘 32:3-4)에도 가까스로 생명이 보존된 자들을 의미한다(렘 51:45). 하지만 대부분 문맥에서 그 도피가 성공적이었고(창 19:17-22; 렘 51:6), 생명이 건짐 받았다(왕상 1:1; 렘 51:45).

마지막 때에 하나님이 '도피한 자들', '포로도 빼앗을 것이요'(사 49:24-25)와 '하나님의 이름을 부르는 자들', '남은 자'(욜 2:32), '곧 그 이름이 생명책에 기록된 자들'(단 12:1; 참조 사 4:2-3)을 구원하게 될 것이라는 긍정적인 의미가 있는 곳에 더 많이 쓰고 있다.

4) 야탈(יָתַר)

구약성경에 약 11회 정도 사용되고 있는데, 그 용법은 '남은 자 사상'을 내포하고 있으며 전쟁의 위험 속에서 다 죽고 남은 소수의 생존자를 '우리가 그들을 쳐서'(신 3:3), '남은 몇 사람'(수 10:20)을 가리킨다. 곧, '남겨 두다', '처지다', '잔류자', '남게 하다' 등의 의미가 있다.

'그 남은 백성'이란 구절(느 10:28; 11:1)은 예루살렘의 남은 자와 승리를 맛볼 미래의 '남은 자'를 말한다(습 2:9; 슥 14:2). 명사형 '잔류자'는 장자 씨족(창 44:20), 왕조(삿 9:5), 또는 하나님께 신실한 자들(왕상 19:10, 14)을 이어갈 수 있는 잠재력을 소유했고, 또한 재생과 지속적이고 풍성한 생을 위한 요소가 들어 있는 새로운 존재를 의미한다.

5) 샤리드(שָׂרִיד)

구약성경에 28회 등장하는 단어로 위기일발의 막다른 골목에서, 또는 전쟁의 재난에서 겨우 살아남은 자, 도피한 자를 가리킨다(암 4:2, 9:1; 겔 23:25; 신 3:3).

또한, 이 단어는 재앙으로부터 생존했지만, 그 생존자들이 결국 멸망당할 때 사용되거나(민 21:35; 24:19; 수 8:22), 재산이나 소유물의 남은 것(욥 20:21)이 결국 없어진 때와 관련해서 사용하였다.

이처럼 성경에 남은 자에 대한 용례가 여러 곳에서 등장한다. 남은 자는 주로 재앙으로부터 '살아남은 자', '도피한 자'로 나타나는 것을 볼 수 있는데, 이는 역사적으로 실재적인 사건과 관련되어 그 의미가 나타나고 있다.

즉, 히스기야 치하의 '남은 자'(왕하 19:4; 사 37:4)와 요시아 치하의 남은 모든 자를 '남은 자'로 불렀고(대하 34:21), 또 시드기야 치하의 강제로 바벨론에 포로로 끌려간 사건 이후의 예루살렘에 남아 있던 자들도 '남은 자'로 불렸으며, 바벨론 포로에서 돌아온 유대인들도 '남은 자'로 불렀다.

'남은 자'는 바로 하나님의 구속사적 경륜과 섭리 속에서 끝까지 하나님의 보호와 인도하심 속에 하나님의 역사 증언으로 남고, 거룩한 그루터기로 쓰임 받은 영광스럽고 보배로운 믿음의 계승자, 하나님 역사의 거룩한 축복의 통로로 쓰임 받은 자를 의미하고 있다. 그때그때 역사의 소용돌이와 와중 속에서도 하나님 구원의 은총과 복음의 동역자로 남김을 받은 하나님의 사람들을 일컫는다.

그 최종적 영광은 바로 하나님 나라에서 평가될 것이다.

2. 창조와 남은 자

1) 아담

아담은 인류의 첫 번째 사람이다. 또한, 그는 첫 번째 범죄자이다. 그러나 하나님의 은혜로 말미암아 첫 번째 남은 자의 은총을 입은 자이다. 아담은 그의 아내 하와와 함께 사탄의 유혹을 받아 하나님께서 금하신 행위 언약의 선악과를 따먹으므로 죽음의 저주와 심판을 받았다.

그러나 하나님의 은혜로 가죽옷을 얻어 입고 돌짝 밭과 엉컹퀴에서 살아남는다. 하나님 구속 역사의 첫 은총을 입고 메시아 구원, 어머니 언약(창 3:15)을 약속받은 인류 역사의 첫 번째 남은 자이다.

> 아담 안에서 모든 사람이 죽은 것 같이 그리스도 안에서 모든 사람이 삶을 얻으리라(고전 15:22).
>
> (For as in Adam all die, so in Christ all will be made alive.)

아담의 타락으로 망가진 인격의 3요소가 그리스도의 삼중직 회복으로 남은 자가 된다.

하나님의 형상인 아담의 인격 요소 중 '지성'은 하나님의 계시를 깨달아 하나님과 그 뜻을 아는 선지자적 기능을 한다. '감정'은 이미 선지자적 기능을 통해 얻은 하나님의 지식을 느끼는 제사장의 기능을 하고, '의지'는 지성과 감정을 통해 알고 느낀 바를 실행하도록 결단하는 왕의 기능을 한다.

2) 아벨

아벨은 '양의 첫 새끼와 기름'으로 제물을 삼아 제사 지냈다. 하나님은 아벨의 정성스러운 마음의 제물과 그 믿음을 보시고 열납하셨다. 아벨이 드린 제물을 통해 장차 희생제물이 되실 예수 그리스도를 보았다.

아벨은 죽임을 당한 목자로 여겨졌으며, 그는 선한 목자로 불리는 예수님의 모형이었다. 양의 첫 새끼의 희생은 예수 그리스도의 희생

모형이요, 그 기름은 예수 그리스도의 구속을 우리에게 적용할 성령 사역의 모형이다.

하나님은 아벨이 믿음으로 드린 제사를 보시고 열납하셨다. 아벨은 아름다운 에덴으로 다시 돌아가게 될 것을 바라는 믿음으로 양의 첫 새끼와 기름으로 하나님께 제사하였다. 아벨은 의인이요(마 23:35) 무고하게 죽은 예수 그리스도의 모형이다.

3) 셋(Seth)

하나님은 메시아가 오실 때까지(창 3:15) 첫 피살자인 아벨을 대신하여 자기를 닮은 셋을 '선택받은 자', 즉 '남은 자'로 남겨 놓았다.

셋이 하나님의 형상 회복을 사모해서 에노스('사람'이라는 뜻)를 낳고 "여호와의 이름을 불렀더라"(창 4:26)라는 인류의 새로운 시작을 알려 주고 아담의 가정에서 공적 예배의 시작을 보여 준다.

아담이 자기의 모양, 곧 자기의 형상과 같은 아들 셋을 낳아 구속 역사를 이어 간다. 셋의 혈통을 통해 예수 그리스도가 탄생할 것을 보여 주는 것이다. 아담과 아벨과 셋의 장막에서 성탄절이 왔음을 증거한다. 그리스도가 오실 혈통은 그 어떤 힘으로도 끊을 수 없음을 보여 준다.

> 아담이 다시 자기 아내와 동침하매 그가 아들을 낳아 그의 이름을 셋이라 하였으니 이는 하나님이 내게 가인이 죽인 아벨 대신에 다른 씨를 주셨다 함이며 셋도 아들을 낳고 그의 이름을 에노스라 하였으며 그 때에 사람들이 비로소 여호와의 이름을 불렀더라(창 4:25-26).

(Adam lay with his wife again, and she gave birth to a son and named him Seth, saying, God has granted me another child in place of Abel, since Cain killed him. Seth also had a son, and he named him Enosh. At that time men began to call on the name of the LORD.)

셋의 족보에 나타난 삶들은 모두 "향수하고 죽었더라"라고 했다. 향수는 "오래 사는 복을 누리는 것"을 의미한다. 이처럼 셋의 족보는 영생의 족보이다.

셋의 족보에 올라간 삶은 보좌 앞에 놓인 어린양의 생명책에 기록된 남은 자이다.

셋은 일백 오세에 에노스를 낳았고 에노스를 낳은 후 팔백칠 년을 지내며 자녀를 낳았으며 그가 구백십이 세를 향수하고 죽었더라 에노스는 구십 세에 게난을 낳았고 게난을 낳은 후 팔백십오 년을 지내며 자녀를 낳았으며 그가 구백 오세를 향수하고 죽었더라(창 5:6-7).

(When Seth had lived 105 years, he became the father of Enosh. And after he became the father of Enosh, Seth lived 807 years and had other sons and daughters.)

4) 노아

노아(안위, 안식)는 은혜를 입었다. 노아는 홍수 심판 가운데 생명의 보존을 받은 남은 자이다.

온 세상이 물 심판으로 땅 위에 모든 생명이 다 죽었다. 그 가운데 하나님께서 노아와 그 가족들에게 남은 자의 은총을 베푸셔서 120년간 생존의 복과 새 인류 역사의 장을 열게 하셨다(창 6:6-8; 눅 17:26-27; 벧전 3:20).

노아는 120년 동안 회개를 강조했다. 노아의 경고에도 불구하고 다른 사람은 자신들의 잘못을 인정하지 않았고, 결국 심판을 받았다. 하나님의 말씀을 불순종하는 사람은 몰살되고 순종한 사람들만 살아남았다.

> 지면의 모든 생물을 쓸어버리시니 곧 사람과 가축과 기는 것과 공중의 새까지라 이들은 땅에서 쓸어버림을 당하였으되 오직 노아와 그와 함께 방주에 있던 자들만 남았더라(창 7:23).
> (Every living thing on the face of the earth was wiped out; men and animals and the creatures that move along the ground and the birds of the air were wiped from the earth. Only Noah was left, and those with him in the ark.)

또한, 믿음의 족장들의 귀한 반열에 노아의 가족에 대하여 히브리서에서는 다음과 같이 밝히고 있다.

> 믿음으로 노아는 아직 보이지 않는 일에 경고하심을 받아 경외함으로 방주를 준비하여 그 집을 구원하였으니 이로 말미암아 세상을 정죄하고 믿음을 따르는 의의 상속자가 되었느니라(히 1:7).
> (By faith Noah, when warned about things not yet seen, in holy fear built an ark to save his family. By his faith he condemned the world and became heir of the

righteousness that comes by faith.)

부패한 세상을 홍수로 멸망시키고 노아와 그의 가족을 남겨서 안위하게 하시고 새로운 세계를 만드는 홍수 이야기는 하나님께서 마지막 날에 이 타락한 현재의 세상을 불로 멸망시키고, 예수 그리스도를 통해 택하신 자기 백성을 구원하시고, "새 하늘과 새 땅"을 수립할 것을 보여 준다.

노아의 때에 된 것과 같이 인자의 때에도 그러하리라(눅 17:26).
(Just as it was in the days of Noah, so also will it be in the days of the Son of Man.)

노아의 홍수는 하나님의 구원계획에 따라서 역사적인 사건으로 발생한 것이며, 동시에 최후 심판의 예표로서 와닿는다. 노아와 그의 가족은 하나님께 구원받도록 남은 자들이다.

하나님이 은혜의 주도권을 잡으시고 노아의 구원을 위한 유일한 방법을 제공하신다. 하나님께서는 자신과 땅과 함께 모든 생물을 곧 멸망시킬 것을 노아에게 알려 준다(창 6:13).

이제 계속하여 하나님이 노아에게 방주에 관해 지시하신다(창 6:14). 노아는 그 방주에 역청을 바르는 제도와 기타 상세한 제반 사항을 지시받는다(창 6:15-16). 그 후에는 하나님께서 장차 올 심판의 성격을 정확하게 계시하신다(창 6:17).

하나님이 그 방주 지을 것을 노아에게 명하셨다. 이 방주는 홍수의 심판으로부터 노아가 구원받을 유일한 수단으로, 남은 자의 구원을 위한 수단으로 제공된다.

　남은 자라는 개념은 우주적인 홍수 이야기에서 최초로 분명하게 표현되었다. 수메르와 바벨론 홍수 전승은 소수의 살아남은 생존자들 속에 인류의 모든 미래가 담겨 있다고 생각했다.

　노아는 안위와 안식이라는 이름의 뜻을 통해 장차 오실 예수 그리스도를 볼 수 있으며, 따라서 예수 그리스도(메시아)의 모형이요 그림자며 예표자였다. 노아는 구원의 길을 선포하고 약속한 '남은 자' 식솔들을 구원했다.

　하나님은 노아와 보존의 언약을 맺으셨다.

3. 족장 시대의 남은 자

　아브라함, 이삭 및 야곱의 생애를 차지하는 족장 시대는 창세기 12-50장에서 묘사되어 있다.

　족장들은 창세기에 메소포타미아로부터 애굽에까지 이르는 넓은 화폭 위를 횡단한 것으로 그려져 있다. 족장은 친족 지파로 조직되어 넓은 가문을 이루는 내부적으로 연결된 사회적 단위였다(창 12:1-5).

1) 아브라함

　하나님은 아브라함에게 씨를 창대케 하는 것과 약속의 땅을 기업으로 준다는 언약을 하셨다. 아브라함은 전적 하나님의 은총으로 말미암아 열국의 백성 중에, 특히 남은 자의 반열, 복의 근원으로 선택함을 입었다.

하나님은 전적 하나님의 주권으로 그를 선택하시고, 부르시고, 가나안 땅으로 옮기셨다. 그 목적은 그가 큰 민족의 조상이 되게 하시고, 그 이름을 창대게 하시고, 열국의 아비 곧 복의 근원이 되기 위함이다.

> 내가 너로 큰 민족을 이루고 네게 복을 주어 네 이름을 창대하게 하리니 너는 복이 될지라 너를 축복하는 자에게는 내가 복을 내리고 너를 저주하는 자에게는 내가 저주하리니 땅의 모든 족속이 너로 말미암아 복을 얻을 것이라 하신지라 (창 12:2-3).
>
> (I will make you into a great nation and I will bless you; I will make your name great, and you will be a blessing. I will bless those who bless you, and whoever curses you I will curse; and all peoples on earth will be blessed through you.)

하나님은 아브라함을 "지극히 큰 상급이니라"(창 15:1), "그분이 그에게 의로 여기셨다"(창 15:6), "이끌어 내신다"(창 24:7; 수 24:3), "불러 내신다"(사 51:2), "그분이 아신다"(창 18:19), "선택하신다"(느 9:7)라며 약속을 주셨다.

아브라함은 하나님이 그에게 명하신 것을 이행하여 믿음의 조상이 되고 남은 자가 되었다. 구원의 약속 언약을 받은 것이다.

> 그 날에 여호와께서 아브람으로 더불어 언약을 세워 가라사대 내가 이 땅을 애굽 강에서부터 그 큰 강 유브라데까지 네 자손에게 주노니(창 15:18).

(On that day the LORD made a covenant with Abram and said, To your descendants I give this land, from the river of Egypt to the great river, the Euphrates-)

아브라함은 믿음을 잃지 않았다. "아들을 바치라"는 명령을 받았을 때 주춤하지 않았다.

이삭은 희생제물일 뿐만 아니라 예수님의 모형이었다. 족장들은 예수님의 전조나 원형이었다.

2) 롯과 두 딸

소돔과 고모라의 유황불 심판 속에서도 그곳의 영적 실상과 불의 현실을 보고 고통 속에 있는 롯을 성경은 "의로운 롯, 의로운 심령"으로 보고, 저주의 성, 멸망의 성에서 돌로 변해버린 아내를 뒤에 남겨둔 채, 두 딸과 살아남는 은총을 입게 해 주셨다.

"롯을 그 엎으시는 중에서 내어 보내셨더라"(창 19:29), "롯이 소돔에서 나가던 날에"(눅 17:28-29)라고 표현된 것처럼 남은 자가 된 것이다.

소돔과 고모라 성을 멸망하기로 정하여 재가 되게 하사 후세에 경건하지 아니할 자들에게 본을 삼으셨으며 무법한 자들의 음란한 행실로 말미암아 고통당하는 의로운 롯을 건지셨으니 이는 이 의인이 그들 중에 거하여 날마다 저 불법한 행실을 보고 들음으로 그 의로운 심령이 상함이라(벧후 2:6-8)).
(if he condemned the cities of Sodom and Gomorrah by burning them to ashes, and made them an example of what is going to happen to the ungodly; and if he

rescued Lot, a righteous man, who was distressed by the filthy lives of lawless men. for that righteous man, living among them day after day, was tormented in his righteous soul by the lawless deeds he saw and heard.)

또 다른 하나님의 변장으로 방문한 소돔과 고모라는 이스라엘 남은 자가 있음을 확인했고, 롯은 소수의 남은 자로서 선택되게 된다.
롯의 구원에 관한 창세기 19:17-22는 소돔에 대한 형벌의 심판보다 남은 자 사상이 훨씬 더 강조된 본문이다.

3) 야곱

"하나님은 에서를 버리시고 야곱을 택하셨다"라는 사실에서 이스라엘 백성들을 향하신 하나님의 사랑을 알 수 있다.
야곱에게 새 이름 '이스라엘'을 주었으며, 자신만의 미래가 아닌 이스라엘의 미래가 되었고, 이스라엘의 하나님께 제단도 봉헌했다(창 33:20). 야곱은 절름발이로 걷지만, 하나님의 축복을 받았다. 야곱이 애굽을 향해 출발할 때 밤의 환상 가운데 약속한다

내가 너와 함께 애굽으로 내려가겠고 정녕 너를 인도하여 다시 올라올 것이며 요셉이 그 손으로 네 눈을 감기리라 하셨더라(창 46:4).

(I will go down to Egypt with you, and I will surely bring you back again. And Joseph's own hand will close your eyes.")

하나님은 이스라엘의 조상이 될 야곱에게 말했다.

> 내가 너와 함께할 것이며 네가 어디로 가든지 너를 지킬 것이라(창 28:15).
> (I am with you and will watch over you wherever you go, and I will bring you back to this land. I will not leave you until I have done what I have promised you.")

야곱은 충성과 헌신을 담아 "당신이 나의 하나님이 되실 것입니다"(창 28:21)라고 대답했다.

천사들이 거대한 사다리 위로 오르락내리락 하는 꿈도 꾸었다. 사다리와 천사는 유대인들의 미래, 특별히 그들의 본토가 이방 제국들에 의해 지배를 당함에도 불구하고 그들이 다시 회복될 것이라는 메시지로 구체화 된다.

야곱은 자기 아들들을 모으고(창 49장) 야곱의 축복을 통해 말한다. 열두 아들은 아버지 주위에 모여 자신들에 대한, 그리고 자신들의 미래에 대한 예언을 들었다(창 49장). 야곱의 아들들이 처음으로 열두 지파들로 불린다. 유다 지파는 베냐민을 포함했고, 예루살렘을 수도로 세웠다.

> 그가 그들에게 축복하였는데 각자에게 그들 자신의 축복을 빌어 주었다(창 49:28).
> (All these are the twelve tribes of Israel, and this is what their father said to them when he blessed them, giving each the blessing appropriate to him.)

하나님은 하나님의 이름을 두려워하는 남은 자에게 용기를 북돋아 주며 그들을 아끼실 뿐만 아니라 자기의 소유로 삼으셨다.

남은 자 야곱에게 의가 해처럼 떠오를 것이며 그 광선에는 병 고침과 기쁨과 승리를 주었다.

4. 출애굽 시대의 남은 자

1) 요셉

창세기에서 요셉과 그의 형제에 관한 이야기 속에도 남은 자 사상이 나타난다(창 43:1-8).

성경 전승들이 남은 자 사상을 생명의 위협들 가운데 배치하고, 따라서 생명을 보존하기 위한 관심 속에서 남은 자 사상의 원천을 입증하고 있다.

하나님이 야곱의 가문과 그 식구들을 위하여 요셉을 먼저 애굽에 보내셨고, 야곱의 가문과 그 식구들을 위해 남은 자로서 은총을 입게 해 주셨고, 그 남은 자로서 사명을 감당케 하셨다고 했다.

애굽의 총리가 된 요셉은 흉년 때 곡식을 구하러 온 형들에게 다음과 같은 의미심장한 말을 했다.

> 하나님이 큰 구원으로 당신들의 생명을 보존하고 당신들의 후손을 세상에 두시려고 나를 당신들보다 먼저 보내셨나니(창 45:7).

(But God sent me ahead of you to preserve for you a remnant on earth and to save your lives by a great deliverance.)

이는 하나님께서 아브라함에게 세우신 언약이 성취되는 과정이다. 야곱의 가문과 그 식구들을 구원하기 위하여 요셉 자신을 먼저 애굽에 보냈다. 야곱의 가문과 그 식구들을 위해 남은 자로서 은총을 입고 남은 자로서의 사명을 감당케 하셨다고 고백한다. 수많은 질투와 유혹을 이기고 승리한 남은 자이다.

요셉은 자기 인생사뿐만 아니라 가족의 삶까지도 하나님의 인도를 받았다. 극한 흉년 속에 애굽의 국무총리로 하나님께서 요셉을 남겨 놓으셨다. 이스라엘 백성들이 애굽에 내려가 바로의 노예가 되었다.

당신들의 후손을 세상에 두시려고 나를 당신들 앞서 보내셨나니(창 45:7).
(But God sent me ahead of you to preserve for you a remnant on earth and to save your lives by a great deliverance.)

2) 모세

애굽의 430년간 학정 속에 있는 이스라엘을 구원하시기 위해 하나님의 종 모세를 남겨 놓으셨다(출 2:9-10). 모세는 선지자, 제사장 그리고 왕의 기능들을 결합했다.

모세는 "이 세상에서 유일한 신이 하나님이심을 인식하고, 온 마음으로 하나님을 사랑하라"라고 했다. 모세는 하나님과 직접 교제가 있으며, 입과 입으로 말씀했다(출 33:11).

이스라엘 민족이 모세의 인도로 장기간 애굽의 노예 생활에서 탈출한다. 이스라엘 백성이 홍해 바다를 기적적으로 건넌 후에 시내 산을 향해 갔다.

하나님은 이스라엘 백성을 특별한 민족으로 택하시고 시내 산 언약인 율법 언약 십계명을 주시고 제사장 나라와 거룩한 나라로 택하셨다. 이스라엘 백성이 매일의 삶 속에서 하나님의 인도를 받도록 인도했다.

모세는 토라에서 아낌없는 찬사를 받는다. 모세의 최고의 선지자, 지도자, 선구자였고, 이스라엘의 남은 자였다.

> 모세는 여호와께서 대면하여 아시던 자요 여호와께서 그를 이집트 땅으로 보내셔서 바로와 그의 모든 신하들과 그의 온 땅에 모든 표적과 놀라운 일들을 하게 하셨으며, 온 이스라엘이 보는 앞에서 모든 권능과 큰 위엄을 행하였다(신 34:12)
>
> (For no one has ever shown the mighty power or performed the awesome deeds that Moses did in the sight of all Israel.)

5. 가나안 정복 시대의 남은 자

1) 여호수아

출애굽 때에 여호수아는 청년이었다(출 33:11). 모세는 여호수아를 보좌관으로, 또는 부대의 지휘관으로 임명했다(출 17장).

이스라엘의 40년간 광야 생활, 불신앙과 반역의 역사 속에서(히 3:16) 하나님께서는 여분네의 아들 갈렙과 눈의 아들 여호수아를 남은 자로 남겨 놓으셨습니다.

갈렙과 여호수아는 가나안의 요새들 앞에서도 기가 죽지 않는 정탐꾼이었다. 그들은 하나님의 백성을 독려해 하나님의 계획을 믿고 나가자고 설득했다. 가나안 땅에 입성하는 데 선봉장이 된 것이다.

여호수아는 헬라어로 예수님의 이름과 동일하다. 여호수아는 예수님과의 이름 연결로 참 이스라엘의 남은 자였다. 동시에, 예수님의 예표였다.

여호수아는 모세와 같은 지도자가 되었다.

모세와 같이 여호수아도 땅을 정탐하도록 두 명의 정탐꾼을 보냈다. 기적으로 물을 멈추게 한 후 백성들을 이끌고 요단 강을 건넜다. 아모리인과 전쟁 도중 그는 하나님께 '낮시간을 연장해 달라'라고 기도했다. 그 덕분에 여호수아와 그의 군대는 그날 승리할 수 있었다.

> 너희 시체가 이 광야에 엎드러질 것이라 너희 중에서 이십 세 이상으로서 계수된 자 곧 나를 원망한 자 전부가 여분네의 아들 갈렙과 눈의 아들 여호수아 외에는 내가 맹세하여 너희에게 살게 하리라 한 땅에 결단코 들어가지 못하리라
>
> (민 14:29-30).
>
> (In this desert your bodies will fall--every one of you twenty years old or more who was counted in the census and who has grumbled against me. Not one of you will enter the land I swore with uplifted hand to make your home, except Caleb son of Jephunneh and Joshua son of Nun.)

2) 라합

하나님께서는 가나안 여자 기생 라합과 그 부모와 형제를 여호수아 군대의 여리고 성 정복을 도와 초기 가나안 정복의 큰 역사를 이루는 하나님의 도구가 되게 하셨다. 이들은 여호수아가 보낸 두 명의 정탐꾼을 지붕 위에 숨겨 주었고 정탐꾼은 그녀의 도움을 받아 창문으로 달아났다.

그녀는 여리고가 반드시 함락될 것을 믿었다. 여리고가 멸망했을 때 구원을 받았고, 그 결과 그녀와 그 가족이 하나님의 구원 은총 속에 남은 자의 반열에 우뚝 서게 되었다.

더욱이 비록 기생 라합이지만 남은 자로서의 최선의 자기 사명을 잘 감당하므로 예수 그리스도의 구속사 족보의 그 이름이 빛나고 있다(마 1:5).

그녀는 이스라엘 사람들과 연합했다(수 2:6, 17, 22-24). 히브리서 기자는 하나님을 믿는 옛사람들의 믿음의 모범 가운데 라합을 포함하고 있다(히 11:31). 그녀는 행위로 의롭다 함을 얻은 한 사람으로 인용되고 있다(히 11:31)

"여호와께서 당신에게 이 땅을 주실 것을 나는 압니다."

어떻게 그녀가 이처럼 말할 수 있었을까?
그것은 분명히 하나님께서 라합에게 말씀해 주셨기 때문일 것이다. 라합은 하나님이 사랑하는 선지자 역할을 했던 남은 자였다.

6. 사사 시대의 남은 자

가나안 정복 시대 이후 이스라엘 왕정 국가가 시작되기 약 300여 년간 사사들이 이스라엘을 통치하였다.

이때는 이스라엘에 왕이 없었고(삿 17:6), 그 결과 사람마다 자기 소견에 옳은 대로 행하는 혼란의 시대였다(삿 17;6; 18:1; 19:1; 21:25). 왕의 부재는 사회에 질서가 없고 사람들이 하고 싶은 대로 행했다.

이 시기에 하나님께서는 사사들을 세워 이스라엘을 이끌어 가셨다. 그들 중에는 사사 옷니엘, 에훗, 드보라, 기드온, 입다, 삼손과 같은 자들이 있었고, 소사사인 삼갈, 돌라, 야일, 입산 같은 자들이 있었다.

그들도 부족한 면이 있었지만, 그런데도 마지막 사사요 첫 선지자인 사무엘까지 하나님은 이스라엘 신정국가의 탄생을 위한 남은 자로 이들을 사용하셨다.

1) 기드온

기드온과 300명의 용사를 선발하는 과정이다.

미디안 연합군과의 전투를 준비한다. 미디안 군대는 수가 너무 많아 성경은 이렇게 표현한다.

> 메뚜기의 많은 수 같고 해변이 모래가 많음 같은 지라(삿 7:12).
>
> (The Midianites, the Amalekites and all the other eastern peoples had settled in the valley, thick as locusts. Their camels could no more be counted than the

sand on the seashore.)

이는 '셀 수 없이 많다'라는 표현이다. 이에 반해 기드온을 따라나선 이스라엘 군대는 32,000명이었다. 온 이스라엘에서 긁어모은 군사였다. 셀 수 없는 적의 숫자와 셀 수 있는 이스라엘 군대의 숫자이다. 비교가 안 되는 전력 차이이다.

그러나 하나님은 "그마저 많다"고 하셨다. 이 가운데 두려워 떠는 자를 보내니 10,000명이 남았다. 하나님은 "여전히 많다"고 하셨다. 결국, 물을 손에 움켜 대고 핥은 자는 집에 돌려 보내니 300명만 남았다. 이제 기드온과 300명의 군사뿐이었는데, 하나님은 이 남은 자 300명으로 미디안 군대를 물리치셨다.

믿기 힘든 '기적'이다. 남은 자가 중요하고, 남은 자가 이긴 자이다.

성경의 또 다른 곳에서 남은 자의 은혜를 전한다.

사사기를 보면, 이스라엘 백성이 악을 행함으로 하나님은 미디안의 손에 7년간 붙이셨다. 그 후 사사 기드온을 큰 용사로 세워 미디안을 치게 되었는데, 하나님은 기드온에게 32,000명의 군대 중에 "고개를 숙여 물을 마시는 22,000명을 집으로 돌려보내라"라고 하셨다. 다시 남은 10,000명 중에서 "무릎을 꿇고 물을 마시지 않고 손으로 물을 핥아 마시는 300명의 군인만 데리고 나가 싸우라"라고 말씀하셨다.

기드온은 300명의 정예대원만 이끌고 나가 전쟁에서 승리했다. 약 백 분의 일만 '남은 자'였던 것이다.

오늘 우리 시대도 오합지졸의 다수보다 기드온의 300명의 군사 같은 소수자를 하나님은 찾고 계신다. 말씀과 성령으로 무장되고 믿음 안에서 확신과 용기를 가지고 나가 싸울 수 있는 '창조적인 소수자'를 하나님은 오늘날에도 우리 중에서 찾고 계신다.

2) 드보라

드보라는 사사 시대 명단에 나타나는 여 선지자로 주목할 만한 강하고 솔선수범하던 역동적인 여성이었다. 드보라는 특별한 용기를 가지고 바락의 군대를 이끌어 시스라 군대를 대파했다.

이런 의미에서 그녀는 영웅이며 선지자였다. 드보라는 바락에게 말한다.

> 가로되 내가 반드시 너와 함께 가리라 그러나 네가 이제 가는 일로는 영광을 얻지 못하리니 이는 여호와께서 시스라를 여인의 손에 파실것임이니라 하고 드보라가 일어나 바락과 함께 게데스로 가니라(삿 4:9).
> Very well, Deborah said, I will go with you. But because of the way you are going about this, the honor will not be yours, for the LORD will hand Sisera over to a woman. So Deborah went with Barak to Kedesh,

당시 여자에게 패배하거나 죽임을 당하는 것은 불명예스러운 죽음이었다. 드보라는 전쟁에 참여하지 않은 지파들에 대해 꾸짖은 장면을 이해할 수 있다. 이때 막연한 의무 의식이 생겨났다. 지파들이 전쟁에 참여함으로 자신의 몫을 완수해야 했다.

<드보라 노래>(삿 5:2-31)는 구약성경에서 가장 고풍스러운 성경 본문 중 하나이다. 그 노래는 분명히 승리의 다음 날 그것을 축하하는 의미에서 지어졌다.

> 이스라엘의 두령이 그를 영솔하였고 백성이 즐거이 헌신하였으니 여호와를 찬송하라(삿 5:2).
>
> (When the princes in Israel take the lead, when the people willingly offer themselves-- praise the LORD!)

<드보라 노래>에는 큰 폭우가 기손 강의 수로를 범람시켜 가나안 전차 부대를 쓸어 버리고 군대를 혼란에 빠뜨려 바락의 군대들에게 쉽게 당하도록 했다.

"드보라가 일어났고"(삿 5:7)의 의미는 "하나님이 일어났다"고 이해할 수 있으며, 여기서 드보라가 남은 자로 사용된 것이다.

3) 삼손

삼손의 출생은 천사에 의하여 알려졌고(삿 13:3), 나실인이고, 사사였다(삿 15:20). 그는 믿음의 영웅들의 목록에 포함되어 있고(히 11:32), 하나님의 성령을 부여받았으며, 하나님이 그를 대리자로 사용하셨다.

하나님은 주권자이시고, 어둠의 사사 시대에 삼손은 홀로 중요한 역할을 담당했다.

삼손은 소렉 골짜기에 집이 있는 들릴라와 사랑에 빠졌고, 그녀는 블레셋인들과 함께 무자비한 집요함으로 삼손의 비밀을 알아냈다. 삼손은 눈이 멀고 비천하게 된 후, 절기에 희롱의 대상으로 재주를 부렸다(삿 16:21-27).

삼손의 기도 응답으로 머리털이 다시 자랐으며, 기둥에 하중을 받은 신전을 무너뜨릴 수 있었고, 그가 생전에 죽인 사람들보다 더 많은 블레셋 사람을 죽였다(삿 16:28-31).

삼손은 하나님이 주권적으로 사용하신 남은 자였다.

> 그의 머리털이 밀리운 후에 다시 자라기 시작 하니라(삿 16:22).
> (But the hair on his head began to grow again after it had been shaved.)

> 삼손이 죽을 때에 죽인 자가 살았을 때에 죽인 자보다 더욱 많았더라(삿 16:30).
> (Samson said, Let me die with the Philistines! Then he pushed with all his might, and down came the temple on the rulers and all the people in it. Thus he killed many more when he died than while he lived.)

4) 룻

유대인들은 매년 칠칠절에 룻기를 읽는다. 룻은 룻기의 여주인공이며 모압 출신 여인이다.

룻은 사사들이 다스리고 있던 때(룻 1:1)에 살았다. 룻이 시어머니 나오미에게 한 말, 즉 "당신의 하나님이 나의 하나님이 될 것입니다"(룻 1:16)라는 이스라엘의 신앙 진리를 이해했고, 그 진리를 자신의 것으로 삼은 사람이 공식적으로 해야 할 고백으로 간주했다.

룻은 나오미의 나라와 하나님을 섬기기로 하고, 나오미와 함께 가겠다고 말했다. 죽음만이 그들을 갈라놓을 수 있었다(룻 1:17).

룻이 엘리멜렉의 부유한 친척인 보아스를 만나서 결혼하고 다윗의 증조할머니가 된다(대상 2:12; 마 1:5). 룻의 이야기는 매우 오래전에 발생한 사건이며, 하나님에 대한 신앙을 의심할 필요가 없는 경건한 사람들 사이에서 발생한 것을 감지하는 것이 매우 중요하며, 이방 여인도 남은 자의 반열에 들어갈 수 있다는 것을 보여 준다.

5) 사무엘

하나님은 한나의 기도를 들으시고 응답하므로 사무엘을 보내셨다. 사무엘은 하나님을 섬기기 위해 실로의 제사장 엘리에게 맡겨졌고, 견습생으로 일했다.

> 사무엘은 여호와의 선지자로 세우심을 받은 것을 알게 되었다(삼상 3:20).
>
> (And all Israel from Dan to Beersheba recognized that Samuel was attested as a prophet of the LORD.)

사무엘 선지자는 하나님을 대신하여 말하도록 하나님이 보내신 메신저이며, 거룩한 자였다.

선지자는 하나님의 판결, 혹은 심판을 선포했다. 선지자는 죄인들의 죄를 나열하는 것으로 시작하여 하나님의 형벌에 대한 선포로 마감한다. 사무엘은 사울을 이스라엘의 왕으로 기름 부었다.

여호와께서 나를 보내셔서 당신을 그분의 백성, 곧 이스라엘을 다스릴 왕으로 기름 부으셨으니(삼상 15:1).

(Samuel said to Saul, I am the one the LORD sent to anoint you king over his people Israel; so listen now to the message from the LORD.)

자기 영광을 위한 비석을 세우러 갈멜에 가는 등 겸손했던 사울이 변하자 드디어 그는 비참한 최후를 맞는다.
사무엘은 베들레헴으로 가서 양 떼를 지키는 목동 다윗을 새로운 왕으로 기름 부었다.
사무엘은 이스라엘의 두 왕, 사울과 다윗을 세우고 기름 부었던 선지자로 남은 자였다.

7. 이스라엘 왕정 시대의 남은 자

1) 다윗

다윗은 이스라엘 왕조의 창시자이자 가장 위대한 왕이었다. 다윗은 그리스도의 그림자요, 고난과 승리의 이야기는 예수의 고난과 승리를 예표한다.
다윗이 이스라엘을 접수한 후 먼저 한 일은 예루살렘을 정복한 것이다. 다윗은 여부스족을 쉽게 물리치고 예루살렘으로 천도했다.
예루살렘 성벽 안에는 '샘'이 있다. 이것은 장기간의 포위 공격에도 잘 견딜 수 있었다. 다윗은 이스라엘의 가장 거룩한 물건인 언약

궤를 예루살렘 성막안에 보관했다. 예루살렘이 신성한 도시가 된 것이다. 중앙 성소를 갖춘 정치적 수도가 되었다. 언약궤를 예루살렘으로 옮긴 것은 모든 지파의 왕이 되었다는 공표였다.

다윗은 성경의 모든 영웅 가운데 가장 열정적이고, 현실적이며, 어떤 면에서 가장 인간적인 매력이 있었다. 희망, 절망, 생애 최고의 순간, 어리석음, 우울함, 불타는 증오, 깊은 사랑을 모두 체험한 사람이다.

다윗과 골리앗의 이야기에서 다윗은 종종 '선지자 다윗', '노래 잘하는 다윗', '성령으로 말씀한 다윗'(막 1:36)으로 불리웠다. "성령이 다윗의 입을 통해서 말씀하셨다"(행 1:16)고 했다.

다윗을 비롯하여 하나님을 경외하는 왕들과 선지자들, 또한 그들을 믿고, 믿음으로 산 경건한 남은 자들이 있었다.

> 다윗이 삼십 세에 왕이 되어 사십 년 동안 다스렸으니, 헤브론에서 칠년 육 개월 동안 유다를 다스렸고 예루살렘에서 삼십 년 동안 온 이스라엘과 유다를 다스렸다(삼하 5:4-5).
>
> (David was thirty years old when he became king, and he reigned forty years. In Hebron he reigned over Judah seven years and six months, and in Jerusalem he reigned over all Israel and Judah thirty-three years.)

2) 솔로몬

솔로몬은 하나님을 모시기 위해 예루살렘에 웅장한 성전을 건축했다. 건축을 결정하자마자 최고급의 건축 재료를 구입하고 7년에 걸쳐 완공하였다. 예루살렘은 약 천년 동안 이스라엘 예배의 중심이 된다.

그러나 주전 586년에 바벨론에 의해 파괴되고, 유대인이 예루살렘으로 돌아오자 예루살렘 성전도 만 70년 만에 재건되었다. 재건된 성전은 그 후 수 세기간 지속되었지만 주후 70년에 로마에 의해 파괴되었다.

솔로몬 왕은 성전 사업을 위해 무거운 세금으로 백성을 어렵게 했고, 강공책으로 백성들의 불만을 키웠다.

그러나 다윗과 솔로몬은 이스라엘 국운의 전성기를 경험했다. 두 왕은 하나님 나라의 남은 자이다. 솔로몬의 아들 르호보암 왕은 통치 경험이 없어 제국을 둘로 분열시켰고, 그 결과 북이스라엘 왕조와 남유다 왕국을 이루게 되었다.

3) 엘리야

엘리야는 대표적인 북이스라엘 왕국의 선지자이다.

그는 모세와 같이 기적을 행하는 사람으로 요단 강을 둘로 가르고 적은 것으로 많은 양의 음식을 만들었다. 또한, 모세처럼 사십주야를 음식 없이 지냈다. 그는 또한 비를 내리기도 하고, 오지 않게도 했다. 죽은 아이를 소생시켰던 기적의 사람이며, 까마귀를 통해 음식을 공급받았고, 결국 살아서 하늘로 올라갔다.

엘리야 당시에 바알에 무릎을 꿇지 않은 경건한 자들이 7,000명이 있었다. 이 숫자는 이스라엘 전체 인구 숫자에 비하면 소수였다. 다윗왕 전성기 때, 장정만 130만을 헤아렸으니 실로 소수의 '남은 자'

이다. 귀환자도 42,360명이었으니 전체에서 볼 때 소수였다.

1대 850이라는 도무지 게임이 안 되는 싸움을 이긴(왕상 18:17-40) '기도의 사람 엘리야'마저도 절망감에서 헤어나오지 못했던 것은 다름 아닌 하나님의 사람이 자신 혼자뿐이라는 외로움이었다(왕상 19:1-14). 그런데 하나님은 이런 혼자뿐이라는 두려움을 안고서 살아가는 우리에게 아직도 바알에 무릎 꿇지 않은 자 7,000명을 남겨 두셨다(왕상 19:18). 하나님의 역사가 연속성을 가지는 근거이다.

어느 시대이든 구원받은 백성은 다수가 아니라 소수이다. 예수님은 "구원의 길은 좁고 길이 협착하다"라고 하셨고, 구원받은 자는 소수라고 하셨다. 예수님의 복음은 소수를 부르시고, 소수를 통하여 다수에게 전하셨고, 사탄에게 절하면 천하를 한꺼번에 다 얻을 것인데 그렇게 하지 않으시고 제자를 '한 사람'씩 부르셨다. 사회는 다수에 이끌리지만, 교회는 확신을 가진 소수가 필요하며, 창조적 소수가 이끌어 간다.

사도 바울은 환난 중에도 끝까지 믿음을 지키며, 구원을 대망하는 자는 "이스라엘의 뭇 자손의 수가 비록 바다의 모래 같을지라도 '남은 자'만 구원을 받는다"는 이사야 말씀과 같이 구원을 받는다고 선포했다(롬 9:27).

그리고 그는 "선지자를 죽였으며 나만 남았다는 엘리야에게 주신 대답, 곧 바알에 무릎을 꿇지 아니한 사람 7,000명을 남겨 두었다"는 남은 자의 소식을 전한다(롬 11:3-4).

구약성경에서 주전 9세기 엘리야가 북왕국(이스라엘 왕국)의 멸망을 예언하며, 7,000명의 충실한 사람을 하나님이 살릴 것이라는 예언을 했다(왕상 19:17-18).

그중에 엘리야, 엘리사 같은 하나님의 종들과 특별히 바알에 무릎을 꿇지 않고, 입 맞추지 않는 7,000명의 남은 자가 있었다.

> 바알에게 무릎을 꿇지 아니한 사람 칠천을 남겨 두었다 하셨으니(롬 11:4).
> (And what was God's answer to him? I have reserved for myself seven thousand who have not bowed the knee to Baal.)

> 여호와 그분이 참 하나님이십니다. 여호와 그 분이 참 하나님이십니다
> (왕상 18:39).
> (When all the people saw this, they fell prostrate and cried, The LORD –he is God! The LORD –he is God!)

엘리야가 하늘에서 비를 내린 것은 여호와 하나님이 바알보다 비구름을 더 잘 생성시킴을 증명한다.

여호와 그분이 '하나님'이시다!

여호와 하나님이 비를 내리시고 곡식을 익게 하시며 백성을 모든 상황에서 구원하시는 유일신이다.
엘리야는 참으로 하나님만을 섬기는 남은 자이다.

4) 이사야

이사야는 주전 760년경 웃시야 왕이 죽던 해에 예루살렘에서 아모스(선지자 아모스가 아님)의 아들로 태어났다. 그는 두 아들 스알야숩(사 7:3, 남은 회복자), 마헬살라하스바스(사 8:3, 약탈이 급하고 속히 먹이가 됨)을 두었다.

그의 사역은 유다의 세 왕, 즉 웃시야와 요담, 아하스, 히스기야 시대의 약 40여 년 동안 계속한다. 그는 이스라엘의 전통적 전설에 의하면 므낫세 왕 시대에 톱으로 켜서 순교했다(참조, 히 11:37; 왕하 21:16).

이사야는 메시아 사상과 남은 자 사상을 분명하게 드러내는 선지자이다. 이사야는 남은 자 교리에 가장 크게 공헌한 선지자인데, 남은 자 용어는 심판의 문맥뿐 아니라 구원의 문맥에서도 나타난다. 이사야의 남은 자 주제는 심판과 구원 선포에서 주도적 요소로 작용한다.

이사야의 예언 활동을 살펴보면 반복되는 주장들을 찾을 수 있다. 그것은 하나님의 거룩하심과 전능하심, 유일하신 하나님께 대한 신앙과 절대적인 신뢰의 필요성, 이스라엘 종교의 도덕적, 사회적인 요구들, 이스라엘과 세상에 대한 하나님의 계획과 정치가들과 권력가들의 계획 구분 차이, 하나님의 계획을 실현하기 위해 인간적인 교만을 꺾어야 한다는 사실, 이스라엘과 이교 백성들을 위협하는 하나님의 심판 등이다.

이사야는 가까운 장래에 죄를 지은 모든 사람에게 미칠 구체적인 책벌을 간파했다. 그 책벌은 선택된 백성뿐만 아니라 온 인류에게 미칠 구원에 필요한 서두이다. "마지막 시대"에 있을 이 구원에 관한 일깨움은 그의 메시지의 본질적인 면으로, 남은 자 신학은 여기에서 분명하게 드러난다.

이사야는 "신앙의 선지자"로 불린다. 이사야는 그의 긴 예언 활동을 통하여 그의 백성에게 정의감과 영적인 힘의 최후 승리를 믿을 것을 권면했다.

아람 왕 르신과 이스라엘 왕 베가의 동맹에 대해 아하스와 유다 백성은 동요하였고, 앗수르 왕에게 도움을 구하는 길이 유일한 길이라 생각했다. 이사야는 아하스 왕을 책망했다. 하나님의 섭리가 이 세상 만사를 지배하므로 세상에서는 두려워할 것이 없다.

그러므로 이사야는 '주 여호와께서 그의 세계를 지배하고 계시며, 오직 정의만이 최후의 승리를 가져올 수 있다'라고 믿었다.

이사야는 하나님의 거룩하신 손을 세계의 제반 사건 가운데 발견하였다. 이 '하나님의 손'이 인류 역사 가운데서 움직이고 계시다는 확신이 이사야에게 평온한 마음과 넓은 조망을 주었다.

그러나 아하스 왕과 일반 백성들도 이사야의 간절한 충고를 들으려고 하지 않았다. 아하스는 자기 자신과 그의 왕국을 하나님의 정의에 대하여 아무 관심도 없는 앗수르의 보호 아래 두었다. 유다와 앗수르의 이런 동맹은 큰 실책이었다.

이사야는 이 동맹을 반대하였다. 이사야는 하나님께서 유다를 택하시고 자기 자신을 나타내시는 나라로 확신하였다. 유다가 앗수르와 동맹을 맺는다는 것은 그의 이상을 굽히는 것이다.

이사야는 마침내 유다 민족의 남아 있는 무리, 즉 끝까지 하나님을 의존하고 살려는 소수의 무리를 '남은 자'(The remnant)라고 이름하였다.

이사야는 이 '남은 자' 교리에 가장 크게 공헌한 사람이다. 왕과 백성들은 비록 죄와 불신앙으로 침륜되고 있었으나, 이 남은 자들은 신실하게 그들의 사상과 생활을 지켜나가고 있었다.

이 남은 자 사상은 교회에 관한 사상의 시작이다.

(1) 타락한 성읍 예루살렘(사 1:21-26)

이사야는 타락한 백성의 생활상에 관해 언급하는데, 여호와를 버리고 우상을 숭배한 예루살렘을 "신실하던 성읍이 어찌하여 창기가 되었는고"라고 혹평한다. "신실함과 공평함과 의리가 없고, 순수함이 없으며, 오직 뇌물과 물질만 탐닉하고, 고아와 과부를 돌보지 않는 살인자들만 있게 되었다"라고 한탄한다.

그래서 이사야 1:21-26은 예루살렘을 정화시키는 심판에 대해 말하고 있다. 평화의 젖줄인 예루살렘의 오염을 정화시키는 심판을 '은을 정화시키는 과정'에 비유한다.

이사야 1:21-26의 저자와 시기에 대해서는 이사야의 활동의 첫 단계에 속하는 것으로 보고 있다.

이사야 1:21에 정의와 공정이 예루살렘이라는 도시와 관련해 말해지고 있는 것은 21절이 평화의 젖줄, 예루살렘을 정의와 공정의 도시로 찬양했었던 시온의 전승에 근거한 것임을 말해 주고 있다(시 97:2; 89:14; 48:10).

24-26절은 21-23절의 비난의 말에 이어 심판을 알리는 위협의 말로 되어 있고, 비난의 말과 위협하는 말이 연결되어 말해지는 것은 선지자적 선포의 특징이 나타난다. 특히, 26절은 정화 심판에 이어

구원의 시대가 온다는 것을 알리며, 21-26절의 결론으로서 정화 심판의 결과를 말해 주고 있다.

이사야는 포로 전기에 활동한 선지자로서 아모스와 크게 다를 바 없다. 이사야의 '남은 자 모티브'는 이사야의 종말론에서 중심이 됨을 보여 준다.

남은 자들은 하나님의 거룩하고 영광스러운 왕국을 위해 스스로 준비하게 할 그런 성질의 것을 말한다. 왕의 기름 부음을 받은 사역자로서 이사야는 변혁의 새 시대를 선포하고 옛 시대의 남은 자들에게 위대한 왕의 오심을 준비하도록 권고하였다. 그는 옛 공동체가 낡고 썩어가는 조직들에서 돌아서 하나님의 왕국의 새로운 불멸의 조직들을 고대할 것을 요청하였다.

이사야는 여호와가 지상의 사건들을 통제하고 모든 민족을 평화롭게 다스릴 당당한 왕권을 확립하려는 의도는 확고부동한 것이라고 굳게 믿었다(사 2:2-4; 11:6-9).

그래서 그는 닥친 현재의 비극을 그 계획의 일부로 보았다. 이 비극은 일종의 단련으로서, 하나님이 선택하신 이스라엘 민족의 성격에 쓸모없는 불순물을 없앤 다음, 징벌을 받고 깨끗해진 백성을 남겨두려는 정화 작업으로 보면 된다(사 1:24-26; 4:2-6).

그러면 이사야 1:21-26에서 말하는 정화 심판은 무엇을 의미하는가?

새로운 이스라엘의 초석이 되는 성스러운 남은 자를 가려내는 것인가?

이사야 1:21-26에서 말하는 정화 심판의 강조점은 불순해진 은을 하나님의 분노 용광로에서 녹이는 것이다(시 21:10). 장차 임할 가혹

한 채찍 아래서 백성들의 지도자들은 멸망의 궁극적인 원인에 눈을 뜰 것이다. 하나님이 심판하실 때 염두에 두고 계셨던 '거룩한 씨'는 아직 겨와 구별되지 않았다. 경건한 사람들과 불경건한 사람들은 서로 나누어진다.

하나님은 불순한 금속을 제거하여 순수한 은을 재생시키는 분이시다. 불신앙을 없애 버린 다음에는 성스러운 '남은 자'들의 공동체가 새롭게 형성된다. 26절에서 예루살렘 백성들은 새로운 지배자들의 인도로 올바른 길로 돌아서게 된다.

이사야 1:21-26에서는 진정한 이스라엘을 대표하는 하나님의 백성으로서의 성스러운 '남은 자'를 가려내는 일과 정화 심판 후 이어질 새로운 미래의 구원 시대를 말한다.

이사야 1:21-26에는 새로운 지배자들이 보내짐으로써 "다시 옛날 다윗 시대처럼 회복되리라"는 약속으로 끝을 맺는다.

(2) 정화되어 찌꺼기로 남은 자(사 4:2-6)

이사야 4:2-6은 이사야가 선포한 구원의 말이다. 하나님은 이 선포에서 '심판을 통해 인간을 건져내시는 구원 행위를 펼쳐 나가시는 분'으로 묘사된다.

3절은 이스라엘의 복지를 추구하는 입장에서 이야기된다. 이는 또한 자연의 회복과 내적 갱신 사이의 자명한 관계에 대하여 뒷받침한다.

타오르는 숯이 이사야를 정결케 했던 것처럼 남은 자들도 하나님의 정화시키는 심판에 의해 정결케 되고, 거룩케 될 것이다. 이 남은 자들은 예루살렘에 거하는 성도들, 또 정화되어 찌꺼기로 남은 자들이다.

(3) 거룩한 씨와 그루터기(사 6:13)

그중에 십분의 일이 아직 남아 있을지라도 이것도 황폐하게 될 것이나 밤나무와 상수리나무가 베임을 당하여도 그 그루터기(stump)는 남아 있는 것같이 거룩한 씨가 이 땅의 그루터기니라 하시더라(사 6:13).
(And though a tenth remains in the land, it will again be laid waste. But as the terebinth and oak leave stumps when they are cut down, so the holy seed will be the stump in the land.)

이사야에서 '남은 자 사상'이 가장 뚜렷하게 나타나는 곳은 그의 소명 기사를 기록한 6장이다.

특히, 6:13 끝부분에서는 하나님이 보호하는 울타리를 없애고, 포도원을 파괴하시는 <포도원 노래>의 성취를 볼 수 있는데, 여기서 멸망의 순서를 다음과 같이 자세하게 나타내고 있다.

첫 번째 멸망은, "그중에 십분의 일이 아직 남아 있을지라도"라고 기록하고 있다.

이것은 유다(주전 722년 북이스라엘이 포로로 잡혀간 후 그 땅에 남아 있던 한 지파)에 해당되는 말이다.

두 번째 멸망은, "이것도 황폐하게(문자적으로 '불타기 위해') 될 것이다"라고 표현한다.

이는 주전 586년에 일어나는 남유다의 바벨론 포로를 의미하고, 이 멸망 후에 그루터기(마체베트[maṣṣebet], 3회; 삼하 18:18을 보라)가 남게 될 것이다.

이사야는 독자들이 이 이미지를 이해하기 쉽도록 이스라엘에서 가장 흔한 두 나무, 곧 베어버리면 그루터기가 남는 "밤나무와 상수리나무"를 이용해 비유한다. 베어진 나무가 남은 그루터기에서 새로운 생명을 움터 마침내 나무 전체가 다시 회생하듯이 이스라엘도 완전히 멸망하는 것이 아니라 미래에 다시 살아난다는 것을 말하는 것이가. 이는 미래의 회복에 대한 희망을 말한다.

성읍의 거민 중 남은 자 십분의 일은 멸망의 대상이지만, 그루터기로 언급된 남은 자는 여호와의 심판은 당하나, 마침내는 구원을 받아 새로운 민족을 일으키게 되는 거룩한 씨로 묘사된 것이다.

이 그루터기를 "거룩한 씨"라고 부른 것인데, 이것은 하나님이 보호하신 '의로운 남은 자'를 가리킨다. "거룩한 씨"는 미래에 거룩한 하나님을 닮아 공의와 의를 행하는 자이다.

따라서 이 나라는 큰 벌을 받아야 마땅하지만, 그렇다고 희망이 완전히 사라진 것은 아니다. 종말에 남은 자들이 메시아의 사역을 통해 의의 나무가 되어 공의와 의의 열매를 맺을 것이다.

이사야가 하나님을 대신하여 이같이 예언한 후에, 하나님은 그 선지자에게 이스라엘에 대한 자신의 이같은 계획을 알려 주신다.

> 그 나라가 이제까지 하나님을 멸시한 것처럼 이사야도 멸시할 것이다.
> 그의 메시지들은 실제로 그 나라를 더욱 완악하게 하는 효과를 가져올 것이다.
> 그러나 이러한 이스라엘의 완악한 마음이 하나님의 계획을 좌절시키지는 못할 것이다.
> 결국, 참으로 의로운 남은 자가 그 나라에서 나올 것이다.

이사야와 미가 시대(미 2:12을 보라)에 하나님은 의로운 남은 자와 함께 일하기로 작정하셨다.

기꺼이 그를 섬기고자 하는 자들!

하나님은 이 개념을 구약의 나머지 부분을 거쳐서 신약으로까지 발전시키셨다. 그리고 오늘날 신자들은 구약에서 시작된 이 의로운 남은 자들의 연속이다.

"십분의 일이 남아"는 악인에 대한 하나님의 심판이 철저하게 행해질 것을 보여 준다. 그가 환란과 저주와 고통 가운데서 살아난다 할지라도 하나님의 심판에서 제외되지 않는다.

여기 '남아'는 바벨론에 포로로 잡혀간 사람 중에 죽지 않고 살아남은 자, 곧 심판 중에도 남아 있는 소수의 얼마를 의미한다.

하나님을 심판을 "밤나무, 상수리나무가 베이는 것"으로 표현했다. 그러나 이렇게 철저히 베임을 당한 나무에도 그루터기 밑동은 남을 것이다. 하나님이 "조금은 남겨 둔다"는 것으로, 결국 의인은 극히 소수라는 의미이다.

이 그루터기는 남은 자와 같으며, 여기서 이사야의 남은 자 사상을 볼 수 있다. "그루터기를 남겨 둔다"는 것은 회복의 희망을 제시하는 것이다. 이렇게 남겨진 이유는 그 나무의 근본 씨가 거룩한 씨이기 때문이다.

'거룩한 씨'란 세상이 아무리 타락해도 거기에 관계 없이 자신의 믿음을 지키는 자이다. 그리고 궁극적으로 '거룩한 자'로 명명된 자는 '하나님의 아들 예수 그리스도'이다.

이스라엘 백성이라고 모두 하나님께 선택되는 것이 아니라 하나님의 은혜의 택하심을 따라 남은 자, 오직 여호와를 진실되게 의지하고, 언약을 지키고, 생명을 얻은 자만이 남는다고 한다.

앗수르를 징계하고 유다의 남은 자가 하나님께 돌아온다. 산헤립이 침입했을 때 유다 전역이 함락되었다. 오직 예루살렘만 남았다. 그러나 하나님은 이 남은 자를 구출하셨고, 그들이 하나님께로 돌아온다. 남은 자에 관한 구원은 산헤립 사건, 그 너머까지 확대된다. 이사야 7:3에 나타난 '스알야숩', 즉 '남은 자는 돌아오리라'는 예언을 이루시는 것이다.

(4) 스알야숩(남은 자가 돌아온다)

> 때에 여호와께서 이사야에게 이르시되 너와 네 아들 스알야숩은 윗못 수도 끝 세탁자의 밭 큰길에 나가서 아하스를 만나(사 7:3).
> (Then the LORD said to Isaiah, Go out, you and your son Shear-Jashub, to meet Ahaz at the end of the aqueduct of the Upper Pool, on the road to the Washer-man's Field.)

이사야에서 남은 자 사상을 가장 잘 드러내는 부분은 "스알야숩"이다. 스알야숩은 이사야 7장뿐만 아니라 이사야 전체 메시지의 중심 역할을 한다.

하나님은 이사야에게 "너와 네 아들 스알야숩은 윗못 수도 끝 세탁자의 밭 큰 길에 나가서 아하스를 만나"라고 하시면서 아하스 왕을 만날 것을 명하셨다.

스알아숩은 "남은 자가 돌아온다"는 의미이다. 남은 자가 귀환할 것이다. 그 아들 스알야숩의 이름에 메시지가 담겨 있다. 이것이 바로 '남은 자 사상'이다. 남은 자 사상은 징계를 넘어 회복과 부흥을 보여 주는 것이고, 적은 자들을 통해 다시 부흥시키겠다는 의미이다.

하나님이 곤고한 아하스를 격려하기 위해 주신, 또 유대 민족의 구원을 상징하는 "스알야숩을 데리고 가라"고 명하신다. 하나님이 환란으로 징계하시나 '남은 자가 반드시 돌아온다'는 것을 보여 주기 위해 대동하게 한 것이다.

'스알야숩'은 이사야의 장남이었다(사 7:4-7). 이사야 자신이 남은 자에 대해 어떤 의미에서 말하고 있는지를 아는 데도 중요하다. "스알야숩"을 '남은 자만이 돌아올 것이다'라고 해석해야 한다. '남은 자는 돌아올 것이다'라는 희망을 암시하는 것이다.

이러한 사상은 이사야 10:20-21에 나타나 있다. 아하스를 향한 경고를 의미하는 구체적 표현으로 '불길한 뜻을 의미할 수도 있다'고 제안하며, 이사야 7:3의 의미는 아마도 좋지 않은 뜻을 나타내기 위해 쓰였을 것으로 말한다. 그러나 이 이름이 갖는 원래의 의미는 '미래 희망'을 표시한다. 하나님의 협박과 위협, 주의 은총과 화냄이다(사 10:20-23).

아하스 왕은 이스라엘과 아람의 위협을 피하고자 현실적인 정책의 모든 수단은 생각했으나, 하나님은 찾지 않았다. 그래서 여호와는 그 일에 간섭하셨고, 북쪽의 왕국들이 앗시리아에 패망할 것이며, 유다는 간신히 그것을 피하게 될이라고 선언하셨다(사 7:3-8:10).

아하스 왕도 '스알야숩'의 이름과 그 중요성을 잘 알았다. "스알야숩을 데리고 가라"는 하나님의 지시를 통해 그 이름이 표징 행위의 성격을 갖는다고 보았다.

그래서 이 상징 행위가 말해 주는 바를 묻는다. '표징 행위'란 원래 경고하는 것이 아니라 일어날 것을 미리 알리는 의미를 지닐 수도 있다는 것이다. 따라서 '스알야숩'은 유다 백성 중 남은 자만이 살아남는 한 시기를 지시한다.

이사야는 장차 하나님의 심판이 온 이스라엘에 임할 것이라고 확신하였으므로 주저하지 않고 그의 아들에게 그 이름을 붙여 주었고, 그와 만났던 모든 사람에게 그 이름을 상기시켜 주었다.

'스알야숩'이 표징이 말하는 것은 두 가지 의미(경고의 의미와 구원의 의미)를 지니는 것일까?

아니면 구원만 의미를 지니는 것일까?

스알야숩 표징 자체는 구원을 의미할 수도, 경고를 의미할 수도 있는 것이 사실이지만, 두 가지 의미를 모두 지닌다고 볼 수 있다.

이사야 7:4-9을 보면 7:3에 나타난 '스알야숩'은 유다의 운명과 관련해 경고를 말하는 것임은 분명하다. '스알야숩'은 분명하게 아하스에 대한 경고를 표시한 것이다.

그러나 그 의미는 차츰 변화했는데, 스알야숩이 말해 주는 경고의 의미에 대해서 다음과 같이 말할 수 있다. 즉, 하나님을 믿고 의지하는 자만이 유다에 내릴 심판에서 살아남게 될 것이다. 그러므로 9절과 관련해서 볼 때, 하나님을 믿고 의지하는 사람들에 한해서 구원을 약속해 주시는 말씀이라고 볼 수 있다.

결국, '스알야숩'의 표징은 유다의 흥망과 관련해 유다 백성의 신앙을 문제 삼을 것이고, 유다와 유다 백성의 존립 여부를 신앙의 전제 조건에 두고 경고하는 것이라 말할 수 있다.

그러나 그의 아들 '스알야숩'의 이름으로 시작된 불길한 징조는 차츰 물러나고, 희망적인 징조가 엿보이기 시작한다(사 10:20). 결국, 남은 자만이 언제나 돌아올 것이다. 그래서, 남은 자의 돌아옴을 그들의 통회(痛悔)로 보기도 한다.

이사야는 여러 번 실망하기는 했지만, 하나님이 이 비극 가운데서 택하신 백성 중 징벌을 받고 정화된 남은 무리를 '출현케 하리라'는 희망을 결코 포기하지 않았다(사 28:5; 37:30-32). 스알야숩의 표징이 하나님에게 돌아와 남은 자가 되라는 권유를 이런 의미로 보고 있다.

따라서 스알야숩의 표징에서 "이스라엘의 성스러운 남은 자 표상", 즉 이스라엘에는 항상 심판을 통해 정화된 남은 자가 있을 것이고, 이 남은 자는 미래의 새로운 이스라엘을 이루는 초석이 될 것이라는 구원 보장의 표상과 경고의 의미가 함께 나타나는 것이다.

이사야 17:3, 6은 앗수르에 대항하기 위해 시리아와 에브라임이 동맹을 맺었던 시기에 이사야에 의해 말해진 것이다. 그 시기만큼 이 두 나라가 서로의 운명을 위해 긴밀하게 결합한 적은 없다.

그리고 3절에서 다메섹의 주권이 말해지는 것으로 보아 멸망을 알리는 신탁이 등장한다. 3절에서 말하려는 것은 다메섹을 통해 북이스라엘과 마찬가지로 멸망하게 된다는 것이다.

이사야 7:3은 주전 733년 북이스라엘에 세 개의 앗수르 관구가 건립됨으로써 완전히 국가로서의 의미를 잃어버린 배경을 말한다.

앗수르의 왕 디글랏 빌레셀은 북이스라엘을 먼저 징벌하고, 다메섹을 공격했다. 그래서 이사야 7:3은 북이스라엘의 파멸에 의거해서 에브라임의 요새, 다메섹의 주권, 아람 제국의 남은 자로 이스라엘의 아들들의 영광과 같이 사라질 것이라고 말한다.

여기서 다메섹의 왕권과 에브라임의 요새가 사라질 것을 말했다는 것은 곧 두 나라가 완전히 멸망한다는 것을 의미한다. 아람의 남은 자의 운명은 이스라엘의 아들들의 사라질 영광과 비교되고 있다.

이사야 7:6은 북이스라엘에 내려질 심판을 말하고 있다. 그러므로 3절보다 먼저 말해진 것이라고 볼 수 있다. 6절은 주전 733년 디글랏빌레셀에 의해 북이스라엘이 점령을 당하기 전에 말해진 것이다.

그 심판이 얼마나 혹독할 것인지는 올리브 수확에 관한 표상에 의해 말해진다. 심판에서 살아남은 자는 올리브를 수확하고 나서 나뭇가지에 남겨진 몇 개 안 되는 올리브 찌꺼기에 비교되고 있다. 6절에서 말하는 남은 자는 앞으로 일어날 심판의 혹독함을 말해 주며, 남은 자는 추수 후 남은 몇 개의 과일과도 비교된다.

이사야 17:3, 6의 '남은 자'는 다메섹과 이스라엘에 내려질 재앙에 대해 경고하고, 두 왕국의 멸망을 알리기 위해 사용된다.

(5) 남은 자만 구원을 받는다

그날에 이스라엘의 남은 자 곧 야곱의 남은 자가 능하신 하나님께로 돌아올 것이라 이스라엘이여 네 백성이 바다의 모래 같을지라도 남은 자만 돌아오리니 넘치는 공의로 훼멸이 작정되었음이라 이미 작정 되었은즉 주 만군의 여호와께서 온 세계 중에 끝까지 행하시리라(사 10:21-23).

(A remnant will return, a remnant of Jacob will return to the Mighty God. Though your people, O Israel, be like the sand by the sea, only a remnant will return. Destruction has been decreed, overwhelming and righteous. Though your people, O Israel, be like the sand by the sea, only a remnant will return.

Destruction has been decreed, overwhelming and righteous. the Lord Almighty, will carry out the destruction decreed upon the whole land.)

이스라엘의 백성 전체가 모래같이 많을지라도 소수의 남은자만이 구원을 받게 된다. 즉, "살아남은 자만이 돌아올 것이다"(사 10:22).
아하스 왕에 대한 호소에 실패를 당한 후에 이사야는 지금의 그의 관심을 유대 백성에게 돌렸다. 그러나 이사야의 외침에 아무런 반응도 그 백성으로부터 얻지 못했다. 이상가이며 애국자인 이사야는 유대 백성에게 다시 한번 깊은 실망에 빠지게 되었다.
하나님의 고상한 여러 원리를 왕이 받아들이지 못한 것과 같이 백성들도 받아들이지 않은 것이다. 그들도 군사력을 정의보다 더 높게 평가했고, 외교를 하나님의 권능보다 이상의 것으로 생각했다.
왕과 백성을 설득하지 못한 이사야는 마침내 유다에 있는 "영적으로 살기 원하는 소수의 무리"에 대해 가르치기 시작했다. 그 소수의 무리는 대중이 관심을 두지 않는 진리를 사랑했고, 귀중히 여기는 자들이었다. 이들은 오직 하나님께로 돌아온 자들이다.
남은 자의 특성은 인간 세력을 앓았고, 진실로 하나님만 의지하는 사람이다. 이스라엘의 뭇 자손의 수가 비록 바다의 모래 같을지라도 남은 자만 구원받는다. 유다가 환란을 당할 때 소수의 사람만이 살아남은 것처럼 전능하신 하나님을 의지하는 자들만 고통을 극복하고 승리한다.
이사야는 이 의로운 소수의 무리를 "남은 자"라고 불렀다. 왕의 백성은 죄와 불신앙 가운데로 빠졌다. 그러나 "남은 자"들만 신실한 자들이었다. 심판이 죄 있는 국민에게 임할 것은 불가피한 일이었다. 하지만 하나님은 의로운 남은 자들을 큰 환난으로부터 구원하실 것이다.

혼란 가운데에서도 그들은 유다에서 참 신앙을 지킬 것이다. 불굴의 이사야는 그의 소망을 이 소수의 무리에 두었다. 이사야는 그의 가족과 제자들을 가까이 모아 놓고 예루살렘에서 영적 사회를 개척하기 시작했다.

이 남은 자의 사상은 교회에 대한 관념의 시작이며, 정치적 생활의 형태로부터 영적 종교해방의 첫 단계가 된다. 이 남은 자 사상은 "여호와의 날"과도 깊은 관련을 맺는다.

다양한 방식과 여러가지 상황들 속에서 하나님은 선지자를 통해 알리는 것이다. 선지자의 외침을 통해 역사의 온갖 소동과 열방들의 심한 각축을 뛰어넘어 "높이 들리운 왕으로 군림하고 계신다"는 것을 온 천하에 알리신 것이다.

구약성경 아모스와 마찬가지로 "여호와의 날은 빛나고, 어둠과 인간의 오만과 자만의 모든 상징, 즉 금과 은, 로마와 병거, 요새화된 도시, 먼 지방까지 항해하는 화려한 상선들에 대한 심판의 날"(사 2:6-21)이 될 것이다. 선지자는 백성들이 섬기던 우상들을 "두더쥐와 박쥐에게 던져버릴 날이 올 것이다"라고 말한다.

이러한 멸망의 신탁들은 다음을 통해 더욱 강조된다.

> 그 날에 자고한 자는 굴복되며 교만한 자는 낮아지고 여호와께서 홀로 높임을 받으실 것이요(사 2:17).

(The arrogance of man will be brought low and the pride of men humbled; the LORD alone will be exalted in that day,)

　이처럼 하나님이 이 백성을 심판하러 오실 것이라는 것이 이사야의 유명한 <포도밭 노래>(사 5:1-7)의 주제이다.
　포도원에서 좋은 포도 맺기를 기다렸으나 돌포도를 맺었다. 이스라엘은 공평이 아니라 포악의 열매를 맺었다.
　그러므로 이사야의 가장 초기 메시지는 이사야 6:13에서 그에게 주어진 사명에 걸맞는 '멸망의 메시지'였던 것이다. 하나님은 이스라엘 백성에 대하여 언약에 관한 소송을 제기했음을 알리고, 그들을 재판관 앞에 소환하여 심문받게 하고 있다(사 1:18-20, 3:13-15). 선지자는 하나님의 거룩한 임재 앞에서 백성을 심문하여 그들이 "부정하다"(1:4-6)고 말해야 했다.
　그렇지만 하나님의 목적은 단지 '파괴'가 아니라 이스라엘 백성을 건강하게 회복시켜 왕을 섬기기에 적합한 거룩한 백성으로 만들려는 것이었다. 이사야가 용서받고 깨끗하게 되었듯이 하나님의 백성을 불로 깨끗하게 하려는 것이다.
　이사야에 의하면, 하나님은 당시의 혹독한 시련을 통해 찌꺼기와 불순물을 제거함으로써 '예루살렘을 새 예루살렘으로', 곧 의의 성읍으로 만들고자 했다(사 1:24-26).
　이스라엘의 수도 사마리아가 함락되고, 공포와 혼란이 온 땅을 지배할 때, 이사야가 선포한 사상은 메시아의 대림과 장차 올 황금 시대였다(사 11:1-12).

또한, 이사야에게 있어서 '여호와는 거룩하신 하나님'이셨다. '하나님이 거룩하시다'라는 관념은 그의 선하시고 의로우신 목적에서 오는 것이다(사 5:16; 6:3). 그는 "이스라엘의 거룩하신 자"(Holy one of Israel)라는 칭호를 즐겨 사용했다.

이사야는 원래 신앙의 선지자였다. 그의 최대의, 그리고 가장 의미 있는 공헌은 '하나님의 거룩하심'을 믿는 신앙의 자세였다.

이사야가 선포한 메시지는 "하나님은 당신의 백성을 버리지 않으시고, 결국에는 소수의 충성과 거룩함을 보시고 구원하실 것이다"라는 내용을 골자로 한다.

이사야 6:11-13뿐 아니라 다른 장과 구절에서도 '남은 자'에 관한 언급이 있다(사 1:9; 4:3; 7:3; 10:19-21; 28:5-6; 37:4). 그중에서도 가장 드높은 표현은 메시아에 관한 구절이다.

> 이새의 그루터기에서 햇순이 나오고 그 뿌리에서 새싹(가지)이 돋아난다(사 11:1).
> (A shoot will come up from the stump of Jesse; from his roots a Branch will bear fruit.)

> 그 날에 이새의 뿌리에서 한 싹이 나서 만민의 기치로 설 것이요 열방이 그에게로 돌아오리니 그가 거한 곳이 영화로우리라(사 11:10).
> (In that day the Root of Jesse will stand as a banner for the peoples; the nations will rally to him, and his place of rest will be glorious.)

이새의 줄기는 '다윗의 가문과 다윗의 왕권 회복'을 의미한다. 그리고 연약한 곳에서 메시아가 등장할 것을 암시한다. 메시아야말로 새롭고 거룩해진 이스라엘의 뿌리로 그 나무의 근본을 말한다.

그 뿌리에서 나는 '가지'는 '새싹' 또는 '새 눈'을 말한다. 베어진 나무의 뿌리에서 "새싹이 돋아난다"는 것은 구원의 회복을 말한다.

메시아는 하나님의 종으로서 고난을 겪으면서 만민에게 구원을 가져다 줄 마지막 남은 자이다(사 52:13-53:12). 이새의 줄기에서 나실 구원자는 먼저 남은 자들이 안전하게 돌아오도록(사 10:21) 인도하는 기호(旗號)가 되신다.

물론 '남은 자'는 세상의 고통과 재난 가운데서 살아남은 자(레 26:36; 민 24:19)를 말하기도 한다. 특히, 하나님께서 죄인을 벌하실 때 멸망치 않고 살아남은 소수의 사람을 가리킨다(사 10:20; 렘 31:7). 이런 사람은 고난 중에도 죄악과 짝하지 않고 끝까지 하나님을 의지해서 믿음의 승리를 이룬 자들이다.

하나님께서 이런 사람을 남겨 두신 일차적인 목적은 이들의 생명 구원에 있지만, 궁극적으로 이들을 통해 구속의 역사를 이루어 가시기 위함이다(창 6:5-8; 출 2장; 민 14:29-30; 왕상 19:18; 사 10:20-22; 미 2:12-13).

> **보라 처녀가 잉태하여 아들을 낳을 것이요 그 이름을 임마누엘이라 하리라** (사 7:14).
> (Therefore the Lord himself will give you a sign: The virgin will be with child and will give birth to a son, and will call him Immanuel.)

> 여호와는 나의 힘이시오 나의 노래시며 나의 구원이시라(사 12:2).
>
> (Surely God is my salvation; I will trust and not be afraid. The LORD, the LORD, is my strength and my song; he has become my salvation.)
>
> 시온의 거민아 소리를 높여 부르라(사 12:6).
>
> (Shout aloud and sing for joy, people of Zion, for great is the Holy One of Israel among you.)

여러 세기에 걸쳐 이사야의 가장 큰 공헌은 메시아 사상과 남은 자 사상이다. 이사야의 임마누엘 메시아 예언은 "동정녀 마리아가 아들을 낳는다"(사 7:10-17)는 메시아 사상의 근거도 제시해 준다.

이사야의 메시아 사상은 궁극적으로 메시아가 오심으로 이루어질 하나님 나라의 완전한 도래를 바라보며 살아가는 자만이 그 나라의 백성이 되고, 그리스도의 영원하신 통치 아래서 지낼 수 있다는 것이다.

이스라엘의 거룩한 자가 시온에서 그 왕위를 높여 좌정하시고 통치하시므로 구원의 노래를 부른다.

이사야가 외친 '남은 자'에 관한 특징은 다음과 같다.

첫째, 남은 자들은 하나님만 진실하게 의뢰하였음을 알 수 있다(사 10:20-23).
둘째, 남은 자들은 굳건히 보존되었음을 알 수 있다(사 37:30-32).
셋째, 남은 자들은 하나님의 부름을 받았다(욜 2:32).

넷째, 남은 자들은 악을 행치 않았음을 알 수 있다.

다섯째, 남은 자들은 하나님의 택함으로 된다.

(롬 9:27; 롬 11:5).

여섯째, 남은 자들은 고명한 자들이었다(사 32:8).

(6) 결론

하나님은 더욱이 암흑의 시대에 이사야를 거룩한 그루터기로 남겨 놓으시고 사용하셨다(사 6:13).

> 남은 자 곧 야곱의 남은 자가 능하신 하나님께로 돌아올 것이라(사 10:21).
> (A remnant will return, a remnant of Jacob will return to the Mighty God.)

> 그중에 십 분의 일이 아직 남아 있을지라도 이것도 황폐하게 될 것이나 밤나무와 상수리나무가 베임을 당하여도 그 그루터기는 남아 있는 것같이 거룩한 씨가 이 땅의 그루터기니라 하시더라(사 6:13).
> (And though a tenth remains in the land, it will again be laid waste. But as the terebinth and oak leave stumps when they are cut down, so the holy seed will be the stump in the land.)

이스라엘의 범죄로 말미암아 대부분 바벨탑 심판에서 선택받은 사람이 아브라함이다. 그의 소돔과 고모라에 대하여 부르짖는 소리가 하나님 앞에 상달되었다. 하나님은 친히 아브라함을 찾아오셨고 숲에서 사자들을 통하여 소돔에서 활동하고 계신다(창 18:22).

그 도성은 심판자와 그 도성을 위해 간청하는 아브라함에 관하여 아무것도 모른다. 멀리 계곡에 있는 '죄 많은 도시'를 바라볼 수 있는 곳은 헤브론 동쪽 높은 지대이다(창 19:27-28). 아브라함은 하나님의 마음을 이해했고 끈질기게 간청한다(창 18:23-25).

고대 이스라엘 시대 때 세상적 판결이나 신적 판결을 내림에 있어, 다수의 유죄한 자에 대하여 소수 무죄한 자들의 행방을 묻는 것은 혁명적 사고로 이해되었다. 그래서 10명의 무죄한 자를 찾지 못했을 때 하나님의 결정을 촉구한 것이지만, 하나님은 멸하기보다 그의 마음을 바꾸어 남은 자를 구원하겠다는 의지를 보이셨다(창 18:23-33).

아브라함은 하란을 떠나 가난안으로 갔으나 기근이 들어 애굽으로 내려가 아내 사래를 누이로 속이고 바로에게 선물을 받았다. 거짓말을 해서라도 자신의 생명을 건지려고 했던 것이다.

사래가 바로의 왕궁에 있는데 누가 그녀를 바로의 권능에서 구할 수 있겠는가?

하나님은 아브리함과 약속 언약을 성취하기 위해 바로에게 재앙을 내리고 사래는 아브라함의 천막에서 살아야 했다. 그리고 아브라함과 사래의 자손을 통하여 메시아가 태어나야 한다. 아브라함은 남은 자로 하나님의 약속을 성취한다.

이사야는 '여호와를 나라의 주님으로, 역사의 주님'으로 묘사한다. 하나님은 반항하는 이스라엘 백성을 다루며 행동을 고치려고 벌을 내리신다. 그러나 백성들은 점점 더 악하게 되었고, 완고해져서 징벌을 불렀다. 그런 타락 속에서 하나님은 선택된 소수를 남겨 두셨고, 그들을 통하여 새로운 구속 사역을 이루신다.

이스라엘을 소돔(Sodom)과 고모라(Gomorrah)의 운명에서 구해 낼 것은 아무것도 없었다.

> 하나님의 모든 행사를 살펴보니 해 아래서 하시는 일을 사람이 능히 깨달을 수 없도다 사람이 아무리 애써 궁구할찌라도 능히 깨닫지 못하나니 비록 지혜자가 아노라 할찌라도 능히 깨닫지 못하리로다(전 8:17).
> (then I saw all that God has done. No one can comprehend what goes on under the sun. Despite all his efforts to search it out, man cannot discover its meaning. Even if a wise man claims he knows, he cannot really comprehend it.)

단지 여호와를 진실하게 의지하는 아브라함과 롯의 두 딸은 은혜로 살아남았다. 그것이 '남은 자'이다. 이같은 구약의 '남은 자 사상'은 구속사적 의미에서 "모든 사람이 다 죽었으나 노아와 그와 함께 방주에 있던 자만 남았더라"(창 7:21-23)를 포함하며, 점차 종말론적 구원이라는 신앙으로 확립한다.

8. 소선지서 시대의 남은 자

1) 호세아

호세아는 소선지서의 첫 번째 책이다. 호세아는 12권의 선지서 가운데 가장 길고 유대 전승에서 최초의 책으로 분류되기 때문에 목록 가운데 가장 먼저 나온다.

호세아는 선지서의 모음집을 위해 특정한 주제들을 제시한다. 그 주제들은 이어지는 문서들에서 상이한 강조점을 지닌 채 다시 수용한다.

호세아의 두 가지 주제는 '바알 제의에 대한 비판과 돌이킴의 요구'이다. 이스라엘은 잘못된 예배로부터 돌이켜야 한다.

만약 이스라엘이 돌이키고 회개하면 우상들이 무슨 소용이 있겠는가?

하나님께서 호세아를 통해 먼저 말씀하셨다.

호세아의 사명은 동족들에게 회개를 촉구하는 것이다. 회개는 모든 사람에게 요청되나 소망과 보호의 혜택은 남은 자들에게만 제한되어 있다.

하나님은 전심으로 호세아를 사랑하셨다.

> 내가 내 곳으로 돌아가서 저희가 그 죄를 뉘우치고 내 얼굴을 구하기까지 기다리리라(호 5:15).
>
> (Then I will go back to my place until they admit their guilt. And they will seek my face; in their misery they will earnestly seek me.)

호세아는 하나님만이 생명의 근원임을 고백하며 "여호와께로 돌아오라"(호 14:2-3)고 부르짖는다.

여기서 '남은 자'에 대한 새로운 가능성을 제시하였다. 호세아는 임박한 심판을 경고하며, 이스라엘 백성들에게 하나님의 사랑으로 돌아오기를 촉구한 것이다. 하나님은 회개하는 자를 버리지 않으시고 끝까지 사랑하고 회복시키신다.

호세아는 북이스라엘 여로보암 2세 시대(주전 793-753)에 활동했으며, 같은 시대의 선지자로는 미가, 이사야가 있고, 주로 언약 위반에 초점을 맞추며 예언한 남은 자이다.

2) 요엘

요엘 선지자는 동족이자 하나님의 종된 나라인 이스라엘 백성에게 강력한 메시지를 전한다.

이스라엘 백성이 계속해서 언약을 배반하면, 한 번도 경험해 보지 못한 메뚜기 군대가 온 나라와 약속의 땅을 공격할 것이며, 언약적 축복과 반대되는 기아와 황폐함만 남게 될 것이다라는 하나님의 뜻을 선포했다.

그러나 반대로 이스라엘이 회개하고 여호와께 돌아온다면 하나님은 그들의 기도를 들으시고, 언약의 복을 부어 주실 것이다.

요엘서의 핵심 주제인 '여호와의 날'은 신실한 자들과 의로운 남은 자를 신원하시며 회복에 대한 소망을 제시한다. 요엘은 재난을 보며 "옷을 찢지 말고, 마음을 찢으라"고 회개를 요구한다.

> 너희는 옷을 찢지 말고 마음을 찢고 너희 하나님 여호와께로 돌아올찌어다 그는 은혜로우시며 자비로우시며 노하기를 더디하시며 인애가 크시사 뜻을 돌이켜 재앙을 내리지 아니하시나니(욜 2:13).
>
> (Rend your heart and not your garments. Return to the LORD your God, for he is gracious and compassionate, slow to anger and abounding in love, and he relents from sending calamity.)

누구든지 여호와의 이름을 부르는 자는 구원을 얻으리니 이는 나 여호와의 말대로 시온 산과 예루살렘에서 피할 자가 있을 것임이요. '남은 자' 중에 나 여호와의 부름을 받을 자가 있을 것임이니라(욜 2:32).

(And everyone who calls on the name of the LORD will be saved; for on Mount Zion and in Jerusalem there will be deliverance, as the LORD has said, among the survivors whom the LORD calls.)

이는 곧 선지자 요엘로 말씀하신 것이니 일렀으되 하나님이 가라사대 말세에 내가 내 영으로 모든 육체에게 부어 주리니 너희의 자녀들은 예언할 것이요 너희의 젊은이들은 환상을 보고 너희의 늙은이들은 꿈을 꾸리라(행 2:16-17).

(No, this is what was spoken by the prophet Joel: 'In the last days, God says, I will pour out my Spirit on all people. Your sons and daughters will prophesy, your young men will see visions, your old men will dream dreams.)

사도행전 2:16에서 베드로는 오순절에 목격한 광경을 설명하면서 "이는 곧"이라 언급했다. 그리스도의 재림과 관련된 미래적이고 절대적인 성취를 말하는 것이다. 하나님은 그의 영을 모든 육체에, 곧 늙은이나 젊은이나 자유인이나 종들에게 부어 주실 것이다(욜 3:1). 그리고 자연계에 일어나는 엄청난 변화는 여호와의 크고 두려운 날이라 알려진다(욜 3:31).

바울이 "누구든지 주의 이름을 부르는 자는 구원을 받으리라"(롬 10:13)라고 했는데, 이는 유대인과 이방인이 함께 구원을 얻을 '메시아 시대의 사건'을 묘사한 것이다. 여기서, 주의 이름을 부르는 자는 구원을 받는 '남은 자'들이다.

3) 아모스

아모스(주전 760)는 드고아 고원에서 목축과 뽕나무를 재배하던 농부였고 야인(野人)이었다.

그는 남유다 왕 웃시야와 북이스라엘 왕 여로보암 시대의 선지자로 '하나님의 공의와 여호와의 날'에 대해 선포하였다. '여호와의 날'이 오면 악인은 심판을 받고, 의로운 '남은 자'는 은총을 받게 된다는 것이다. 즉, 심판의 날이 '구원의 날로 바뀐다'는 것이다(암 9:11, 13).

> 너희는 악을 미워하고 선을 사랑하며 성문에서 공의를 세울찌어다 만군의 하나님 여호와께서 혹시 요셉의 남은 자를 긍휼히 여기시리라(암 5:15).
>
> (Hate evil, love good; maintain justice in the courts. Perhaps the LORD God Almighty will have mercy on the remnant of Joseph.)

여기서 아모스는 '요셉의 남은 자'라고 언급했는데, 이는 북이스라엘의 생존자에 관한 언급으로 '하나님의 사람'과 관련시킨다.

'남은 자'(生殘), 즉 '살아남을 자들'이란 표현은 다가올 파멸에 역점을 두는 아모스 선지서에서 처음 사용되었다. 여기서 아모스는 하나님의 심판을 면하지 못하고 대부분이 멸망할 것이라는 점을 강조했는데, 재앙을 피하고 살아남을 '요셉의 남은 자'를 언급한 것이다.(암 5:15).

아모스는 이스라엘 전체에 대한 희망은 보이지 않으나, "내가 이스라엘 가운데 칠천 인을 남기리라"(왕상 19:18)라는 엘리야 메시지로부터 시작해 이사야에 의해서 "그중에 십분의 일이 오히려 남아 있을찌라도"(사 6:12-13; 미 5:7-9)라고 발전된 '남은 자에 대한 사상과 교훈'을 강하게 전한다.

> 보라 주 여호와 내가 범죄한 나라에 주목하여 지면에서 멸하리라 그러나 야곱의 집은 온전히 멸하지는 아니하리라 이는 여호와의 말씀이니라(암 9:8).
>
> (Surely the eyes of the Sovereign LORD are on the sinful kingdom. I will destroy it from the face of the earth-- yet I will not totally destroy the house of Jacob, declares the LORD.)

이 교훈은 족장에게 주신 언약으로 말미암아 이스라엘을 지키실 것이라는 하나님의 약속(레 26:44-45)에 기초한다.

아모스는 확실히 이스라엘이 멸망한 후에도 살아남아서 새로운 공동체를 형성하는 남은 자들의 구원에 대한 믿음을 가진 것으로 여겨진다.

남은 자 사상은 미래의 역사를 이룰 소수의 창조자로서의 남은 자와 현재 임박한 하나님의 진노 심판을 맞게 할 소수의 착한 사람으로 "선을 사랑하고 악을 미워함"의 삶을 말한다.

아모스는 거짓된 풍요에 취해 있는 세상을 향해 이렇게 외치고 있다.

"너희는 반드시 망한다!"

반드시 망할 것인데, 이를 피하려면 아모스는 남은 자들에게 "공법을 물같이, 정의를 하수같이 흘림으로" 그 시대의 악습과(암 2:1, 2, 6-8, 5:12) 위선적인 행위와 종교적 허례들(암 5:21-16)을 멀리하도록 권고했다.

오직 정의와 공법(公法, 국민의 생활 관계를 규정하는 법률)의 하나님 왕국을 되찾음으로 그들은 스스로 기쁨을 얻는다.

> 화 있을찐저 여호와의 날을 사모하는 자여 너희가 어찌하여 여호와의 날을 사모하느뇨 그 날은 어두움이요 빛이 아니라(암 5:18).
>
> (Woe to you who long for the day of the LORD! Why do you long for the day of the LORD ? That day will be darkness, not light.)

아모스가 남은 자를 말할 때 기억해야 할 신학 사상이 있다. 즉, 그의 '여호와의 날 종말론 사상'이다.

이 날은 하나님이 이방과 악의 세력을 심판하시는 날로서 이스라엘에 기쁨과 희망의 날(암 8:9)이겠지만, 부패한 자들에게는 오히려 어둠(심판)일 뿐 빛(구원)이 될 수는 없다.

당시의 일반적인 신앙 가운데, "하나님의 목적을 이 땅 위에 실현한다"라는 것은 가나안 땅에 이스라엘 백성들이 이상적 왕궁을 건설한다는 것을 의미했다. 이스라엘 백성들은 하나님이 친히 이스라엘의 원수들을 쳐서 물리치시고, 승리를 가져올 것이며, 그들의 왕국이 모든 나라를 지배하게 될 날을 기다리고 있었다.

그러나 아모스는 이스라엘 백성들의 이러한 희망을 무자비하게 분쇄해 버렸다.(암 5:18-20).

아모스에 의하면, 하나님은 '윤리에도 관심을 두시는 분'이었다. 그러므로 하나님의 백성이라고 자처하는 이스라엘 백성이든지, 이방인이든지, 아무 차별 없이 하나님께 죄를 지으면 하나님의 간섭을 받는 것이다.

아모스를 비롯한 주전 8세기 선지자들에게 있어서 '여호와의 날'의 가장 우선된 관념은 언제나 '심판의 날'로 알려져 있다.

아모스의 종교 가운데 중요한 것은 '여호와의 심판 사상'이다. 아모스는 이날을 '흉한 날'(6:3), '여호와의 날'(5:18), '때'(4:2), '그 날'(2:16)로 표시했다. 아모스의 하나님은 정의와 공의를 하수같이 흘리기를 요구하셨다(암 5:24).

그러나 이스라엘은 이 하나님의 요구를 만족시키지 못했기에, 그들을 기다리고 있는 것은 '심판뿐'이었다.

이러한 준엄한 심판 속에서 과연 희망이 있는가?

이런 질문은 의미심장하다.

왜 하나님은 부정적인 방법으로 아모스를 통하여 자신을 계시하는가?

여기에 두 가지 '남은 자 사상'이 나타난다.

첫째, 하나님은 부정적인 사용법(3:12, 4:1-3, 5:3, 6:9-10, 9:1-4)으로 때로는 남은 자의 무가치함을 드러내신다.

둘째, 하나님은 긍정적인 사용법(5:3, 14-15, 9:11-12)으로 도덕적, 종교적 선상에서 심판의 메시지와 관련해 남은 자 사상을 나타내신다.

한편, "임박한 심판 후에 이스라엘을 구원하실 것을 아모스가 알고 있었느냐?" 하는 문제는 많이 논의되어 왔다.

아모스 9:11이하에는 한 유대인이 다윗 왕국을 재건하고 에돔의 남은 자들을 다시 다스리게 될 것을 기다리는 모습이 나타나 있다. 아모스 9:13-15에는 그 땅의 소출이 다시 풍성해지고 포로 생활에서 벗어나 성읍을 재건할 것을 말한다. 이것들은 이스라엘의 갱신과 축복의 약속이다.

> 그러므로 이런 때에 지혜자가 잠잠하니니 이는 악한 때임이니라 너희는 살기 위하여 선을 구하고 악을 구하지 말지어다 만군의 하나님 여호와께서 너희의 말과 같이 너희와 함께하시리라 너희는 악을 미워하고 선을 사랑하며 성문에서 공의를 세울지어다 만군의 하나님 여호와께서 혹시 요셉의 남은 자를 긍휼히 여기시리라 (암 5:14-15).
> (Seek good, not evil, that you may live. Then the LORD God Almighty will be with you, just as you say he is. Hate evil, love good; maintain justice in the courts. Perhaps the LORD God Almighty will have mercy on the remnant of Joseph.)

"만군의 하나님 여호와께서 혹시 요셉의 남은 자를 긍휼히 여기시리라"에서 '혹시'라는 표현은, 심판은 하나님의 의지일 뿐이며 아모스의 부인(Nein)은 절대로 타협할 수 없을 만큼 완강하다는 것이다. 그러니 이 선지자는 이스라엘의 종국을 선언하지 않을 수 없었다. 다시 말해 아모스에게서 나타나는 남은 자의 개념은 심판 선포에 가려져 있다는 것이다.

"이스라엘 자손이 건져냄을 입으리라"(암 3:12)라는 표현은 이스라엘이 장래의 심판 때에 구원을 얻게 될 것이라는 소식이다. 그러나 이 구원은 일반적인 구원과 전혀 다른 것일 수도 있다.

즉, 힘센 자가 가축을 죽였을 때 목동이 배상의 의무를 면제 받으려면 그에게 죄가 없다는 증거를 구하거나 찢겨진 짐승의 부위를 제시해야 한다(출 22:12)는 비유처럼 사소한 부위일지라도 "구해 낸 것이면 그것은 그 짐승이 죽었다"는 증거가 된다. 목동이 증거로 삼기 위해 그런 부분들을 '구해내듯이 심판 때에 이스라엘도 구출될 것'이라는 아모스의 빈정대는 표현일 수도 있다.

또, '사로잡힘의 위협'이(암 4:2-3, 5:5, 27, 7:11, 17) 임박했더라도 하나님은 약속의 땅으로의 회복을 말씀하심으로 남은 자들을 격려하신다. 남은 자 공동체는 그를 찾고, 오직 그만을 그들의 구세주로 인정하며, 선을 행하는데 지혜롭게 인내하는 자들로 구성된다.

그러나 사자에 의해서 게걸스럽게 먹어치워지고, 두 다리나 귀 조각만 남을 어린양, 즉 이스라엘의 생존 희망은 없다. 사마리아는 몰락할 것이다.

여기서 '사자'는 구원자 하나님을 비유한 것이다. 삼키는 사자와 같은 하나님은 남은 자를 건져낼 것이다.

그리고 아모스는 다시 사마리아의 여인들을 향해 '남은 자'에 관해 말한다.

> 주 여호와께서 자기의 거룩함을 가리켜 맹세하시되 때가 너희에게 임할찌라 사람이 갈고리로 너희를 끌어 가며 낚시로 너희의 남은 자들을 그리하리라(암 4:2).

(The Sovereign LORD has sworn by his holiness: The time will surely come when you will be taken away with hooks, the last of you with fishhooks.)

여기서 남은 자에 사용된 영어 표현(the last of you)은 '남은 자'를 이해하는 데 중요한 표현이 된다. 이 단어는 다양한 방법으로 번역되어왔다.

그러나 분명한 것은 이 단어가 '자손'이나 '뒷부분', '마지막', '남은 자'를 의미한다는 것이다.

앞의 것은 '남은 자'를 위한 의미로 번역되기에 마땅치 않다. 왜냐하면, 아모스 9:1을 보면, "내가 그 남은 자를 칼로 살육하리니"라고 했는데, 이것이 이를 뒷받침하기 때문이다.

그러나 만일 '남은 자'라 할 때, 진정 '남은 자'는 무엇을 의미하고 있었는가?

그들의 자손인가?

사마리아의 여인의 남은 자를 말하는 것인가?

본문만으로는 그 의미를 파악하기 쉽지 않다. 그러나 아모스 6:2를 잘 살펴볼 때, 사마리아 여인들은 자신들이 계속 남을 것이라는 견해를 강력히 뒷받침한다.

여기에서 그들의 운명의 묘사가 강하게 나타나 있다. 사마리아의 여인들은 소처럼 밧줄에 묶여 떠나갈 것이다. 남은 자로서의 의지가 없는 이들은 낯선 도구 앞에 직면할 것이다.

그래서 아모스는 '남은 자'를 또다시 언급한다.

그 남은 자들은 이스라엘의 국가 존재의 미래를 위해서 중요하지 않다. 특별히 아모스는 원수들이 올 때 남은 자가 떠날 것을 부인하지 않음을 보여 준다. 그러나 이 남은 자는 국가로서 이스라엘을 구성하기에는 충분치 못하다는 것을 나타내고 있다. 사로잡힘의 위협이 임박하였을지라도 하나님은 약속의 땅으로의 회복을 약속함(암 9:13-15; cf. 렘 24:6; 31:28; 42:10)으로 남은 자를 격려하신다.

아모스 6:9-10은 애매하게 나타나는 '남은 자'에 관한 부문이다. 이 본문은 단편적인 말로 나타난다.

본문은 아모스서 전체에서 가장 해석하기 어려운 부분으로 남는다. 본문에 나타난 바대로 소돔에 10명의 의인이 없어 멸망한 사건을 비유로 생각할 수 있다.

그러나 본문을 볼 때, 전염병이 만연한 배경이다. '유행성 전염병'은 집의 거주자들을 죽인다. 그리고 "한 집에 열 사람이 남는다고 하여도 다 죽을 것이다"(암 6:10)라고 표현하면서, 남은 자의 부정적 의미를 드러내 보인다.

그는 '하나님의 이름을 언급하지 않을 죽은 자'를 매장하기 위해 오는 부분을 조사할 때는 공포에 질릴 것이다. 아모스는 여기서 집에서 떠난 남은 자의 존재의 가능성을 말하지 않는다.

그는 철저한 무력함과 이 남은 자의 희망 없음을 강조했다. 다시 아모스는 남은 자 안에 놓여져 온 이스라엘의 거짓 희망을 모든 강함으로 공격한다.

다음으로 '남은 자 사상'은 아모스 선지자의 자서전 스타일을 포함하는 다섯 번째 환상과 만난다. 다섯 번째 환상(암 9:1-4)에서 나타나는 단은 벧엘의 단, 또는 사마리아의 단이 아니다. 시온의 예루살렘 성전의 번제단을 가리키는 것으로 본다. 이는 하나님과 만남은 선지자로 부르심을 받기 이전에 있었던 것 같기 때문이다.

하나님의 백성에 대한 심판은 하나님을 예배하는 그들에게조차 임한다. 그 단은 기둥머리가 부서지며, 더욱이 전체 건물은 예배자들의 머리 위에 무너져 내릴 것이다. 이 변절한 백성은 종말을 고할 것이다.

아모스 9:1에는 남은 자(remnant)와 도피자(escapee)라는 두 가지 형태가 나타난다. 이 둘은 모두 남은 자의 의미를 보여 준다.

이 환상은 최초의 문서작성 속에 들어 있는 여러 가지 환상의 결말이자 정점에 해당한다.

아모스는 제단 위에 우뚝 서 있는 하나님을 본다. 그는 하나님이 기둥머리를 치자 문지방이 흔들리는 것도 본다. 세 번째, 네 번째의 경우처럼 떨리는 이런 체험에 대해 하나님이 직접 아모스에게 해석해 준다.

아모스는 자기 발 밑에서 흔들리는 '문지방의 흔들림'을 모든 사람을 전멸하기 위해 하나님이 보내실 무서운 지진에 대한 하나님의 암시로 보았다. 도피의 가능성은 완전히 차단되었다. 모든 가능성이 배제되고 만다. 그의 심판은 죄를 범한 백성의 피할 수 없는 전멸을 의미한다.

하나님의 심판은 피할 수 없는 현실이다. 그렇게 볼 때 환상 체험은 하나님이 선지자에게 백성 앞에서 하나님의 부름을 받은 사자로 나서 그들에게 하나님의 심판을 고지할 임무를 내적으로 준비시킨 것이다. 그러나 아모스 9:9에서 알곡은 한 알도 땅에 떨어지지 않고 남은 자가 될 것을 말한다.

그리고 아모스 9:11-15에 보면, 공동체의 재건에 관해 말하면서 구원의 종말론과 민족적 사상, 그리고 소망이 강하게 결합하여 나타난다. 즉, 다윗 왕조의 무너진 장막이 회복되고, 에돔의 남은 자의 획

득을 약속하고 있다(암 9:11-12).

아모스는 의로운 남은 자를 격려하고 소망을 심어준다. 하나님은 이스라엘과 맺은 언약을 다시 한번 기억하며 변치 않은 사랑을 새롭게 하신다.

4) 미가

미가는 포로 생활로부터 구속받을 것에 대한 확실한 소망을 제시했다. 그리고 하나님은 이슬과 단비처럼 소생케 하고 남기신 이스라엘과 남은 자가 있다고 말한다(미 5:7-8). 하나님은 멸하시지 않고 남기신 '이스라엘의 남은 자'를 지키신다.

> 여호와께서 거기서 너를 너의 원수들의 손에서 속량하여 내시리라(미 4:10).
> (Writhe in agony, O Daughter of Zion, like a woman in labor, for now you must leave the city to camp in the open field. You will go to Babylon; there you will be rescued. There the LORD will redeem you out of the hand of your enemies.)

> 야곱의 남은 자는 많은 백성 중에 있으리니 그들은 여호와에게로서 내리는 이슬 같고 풀 위에 내리는 단비 같아서 사람을 기다리지 아니하며 인생을 기다리지 아니할 것이며(미 5:7).
> (The remnant of Jacob will be in the midst of many peoples like dew from the LORD, like showers on the grass, which do not wait for man or linger for mankind.)

'남은 자들'은 여호와께로부터 내리는 이슬 같고, 풀 위에 내리는 단비와 같다. 이슬과 단비가 마른 풀을 살리듯이, 야곱의 남은 자들은 많은 사람 가운데 있으면서 선한 영향력을 끼치게 된다.

'남은 자들'은 여호와로부터 내리는 이슬 같은데, 그 이슬은, 또한 즉시 사라진다. 이는 아주 미약하다는 것이다. 그러나 다른 어떤 것으로도 이룰 수 없는 식물들의 생명력을 소생시키고, 활력을 부어 주는 힘을 제공한다.

이슬은 밤에 조용히 내리지만, 초목을 살게 하고, 자라게 한다. 이슬은 부드럽게 내린다. 그리고 가장 미약한 식물조차 손상을 주지 않으며, 부드럽게 내려 나뭇잎을 적시고 땅을 적신다. 그뿐만 아니라, 풍부하게 내리고, 땅을 비옥하게 한다. 이런 유익한 '이슬'은 '이스라엘의 남은 자'를 말한다.

나의 교훈은 내리는 비요 나의 말은 맺히는 이슬이요 연한 풀 위에 가는 비요 채소 위에 단비로다(신 32:2).

(Let my teaching fall like rain and my words descend like dew, like showers on new grass, like abundant rain on tender plants.)

내가 이스라엘에게 이슬과 같으리니 저가 백합화 같이 피겠고 레바논 백향목 같이 뿌리가 박힐 것이라(호 14:5).

(I will be like the dew to Israel; he will blossom like a lily. Like a cedar of Lebanon he will send down his roots;)

이스라엘에 하나님은 이슬과 같다고 하셨다. 이슬과 같은 하나님의 은총이 임해야 우리는 백합화같이 피어날 수 있고, 레바논의 백향목같이 뿌리가 박혀야 큰 나무가 될 수 있다. 하나님의 말씀은 연한 풀 위의 가는 비 같고, 채소 위의 단비와 같다.

남은 자들은 이슬과 같고, 단비와 같은 하나님의 은총을 받았다. 남은 자들은 여호와로부터 받은 이슬과 같다. 남은 자들은 구원받은 자, 성도를 의미한다. 그러므로, 우리는 아침 이슬과 같다.

> 주께서 밭고랑에 물을 넉넉히 대사 그 이랑을 평평하게 하시며 또 단비로 부드럽게 하시고 그 싹에 복 주시나이다(시 65:10).
>
> (You drench its furrows and level its ridges; you soften it with showers and bless its crops.)

> 주의 권능의 날에 주의 백성이 거룩한 옷을 입고 즐거이 헌신하니 새벽 이슬 같은 주의 청년들이 주께 나오는도다(시 110:3).
>
> (Your troops will be willing on your day of battle. Arrayed in holy majesty, from the womb of the dawn you will receive the dew of your youth.)

이슬과 같은 성도들은 다른 사람들에게, 영적인 힘을 공급하고, 삶에 활력을 불어넣어 주는 빛과 소금의 역할을 해야 한다.

하나님이 우리에게 주시는 은혜는 이슬과 같고, 단비와 같은 은혜이다. 구원받은 하나님의 백성들은 다른 사람들에게 이슬과 같은 은혜, 단비와 같은 은혜를 끼치며 살아야 한다. 남은 자들은 오직 하나님을 은혜의 단비 속에 살아가야 한다.

미가는 다가올 하나님의 심판을 대비하도록 이스라엘과 유다의 남은 자를 불렀다. 그러나 그의 증언은 직접적인 역사적 상황을 넘어 모든 시대의 경건한 자들에게 하나님과 그의 메시아 왕국을 위해 준비하도록 요청한다.

<미가의 기도>(미 7:14-20)는 하나님 왕권의 공의로운 확립을 구하는 모든 남은 자와 세대를 위한 모델로 한다. 이 새 질서를 바라고, 그것을 위해 기도하며 일하는 자들은 절대로 실망하지 않는다. 그들은 미가와 함께 기도할 것이다. 미가는 미래를 말할 때 하나님이 관련된 새 시대에 대해 증언했다(미 4:1, 6-7; 5:10; 7:7-15).

미가의 예언은 하나님의 왕국과 그의 메시아의 모든 피조물에 대한 통치를 소망한다. 새 시대의 선지자 미가는 포로로부터 만물의 변형에 이르기까지 회복의 유기적 관계에 대해서도 증언한다. 회복은 포로기의 남은 자들에게 하나님이 은총을 새롭게 베푸는 것과 더불어 시작된다(미 2:12-13; 4:6-7).

5) 하박국

> 비록 무화과나무가 무성하지 않으며, 포도나무들에 열매가 없고, 올리브 나무의 수고가 헛것이 되고, 밭들이 양식을 내지 못하며, 우리들에 양 떼가 끊어지고, 외양간들에 소 떼가 없을지라도, 나는 여전히 주 안에서 기뻐할 것이요, 나는 내 구원의 하나님 안에서 즐거워하리라(합 3:17-18).
>
> (Though the fig tree does not bud and there are no grapes on the vines, though the olive crop fails and the fields produce no food, though there are no sheep in the pen and no cattle in the stalls, yet I will rejoice in the LORD, I will be joyful in God my Savior.)

이 구절은 영적으로 적용되나 그 교리적 의미는 하나님의 심판, 구체적으로 말하면 '대환란'이라는 심판 가운데서 믿음과 인내로 의를 지켜 '남은 자'가 되어 구원의 은혜를 받은 하박국의 감사 기도이다.

하박국은 무화과나무와 포도나무와 감람나무가 열매를 맺지 못하고, 곡식의 수확도 없고, 기근이 왔다 하여도, 우리에 양이 없고, 외양간에 소도 없어, 경제적 공황이 일어났다 하여도 "구원의 하나님으로 인하여 기뻐하리로다"라고 고백한다.

'남은 자' 하박국은 가난 속에서도 기뻐한다. "내가 들었으므로 내 창자가 흔들렸고 그 목소리로 인하여 내 입술이 떨렸도다 무리가 우리를 치러 올라 오는 환난 날을 내가 기다리므로 내 뼈에 썩이는 것이 들어 왔으며 내 몸은 내 처소에서 떨리는도다"(합 13:16)라고 표현할 정도로 모든 것을 잃었다 할지라도, 하나님이 함께 계시고, 오실 메시아를 바라보는 믿음을 통해 기뻐한다.

오늘의 남은 자는 이미 오신 메시아를 모시고 살고 재림하실 주님을 바라보고 있으므로, 하박국보다 더 하나님을 구원의 여호와로 찬미해야 한다. 하나님께서 "의인은 그 믿음으로 말미암아 살리라"(합 2:4)라고 말씀하셨다.

역사를 살펴보면, 역사는 꿈이 있고 의식화된 창조적인 소수의 남은 자로 인해 발전했고, 위기에서 구원을 받았던 것을 찾아볼 수 있다.

6) 스바냐

스바냐는 남은 자들이 하나님의 불변성을 바라보고, 그의 신원의 행위를 기뻐하도록 권고하였다.
누가 남은 자들을 구성하는가?
누가 미래의 백성들인가?
스바냐는 사람들이 어떻게 미래의 왕국이 그들의 것으로 다가올지 소망을 품도록 설명하였다. 그는 또 그의 시대의 민족이 회개할 것을 요청하였다.

여호와의 규례를 지키는 세상의 모든 겸손한 자들아 너희는 여호와를 찾으며 공의와 겸손을 구하라 너희가 혹시 여호와의 분노의 날에 숨김을 얻으리라(습 2:3).
(Seek the LORD, all you humble of the land, you who do what he commands. Seek righteousness, seek humility; perhaps you will be sheltered on the day of the LORD's anger.)

남은 자들은 여호와의 참된 경배자들이다. 하나님은 모든 시대의 남은 자들에게 그의 왕국이 이 땅에 확립될 것을 확신시킨다. 그 여호와의 날에 남은 자(습 3:13)는 영광을 노래한다.
스바냐 선지자도 이 말씀을 따르고 있다.

여호와의 날이 가까이 왔다(습 1:7).
(Be silent before the Sovereign LORD, for the day of the LORD is near. The LORD has prepared a sacrifice; he has consecrated those he has invited.)

여기 날은 크고 고통스러우며, 분노의 날, 환난과 곤경의 날, 파괴와 붕괴의 날, 어둠과 흑암의 날, 전쟁의 함성이 들리는 날이다. 분노의 날은 이스라엘에 종말을 가져다줄 것이다.

그러므로 스바냐는 "여호와를 찾으라"고 촉구한다. 그 땅의 '겸손한 남은 자'를 찾는다.

그 지경은 유다 족속의 남은 자에게로 돌아갈찌라 그 지경은 유다 족속의 남은 자에게로 돌아갈찌라 그들이 거기서 양떼를 먹이고 저녁에는 아스글론 집들에 누우리니 이는 그들의 하나님 여호와가 그들을 권고하여 그 사로잡힘을 돌이킬 것임이니라(습 2:7),

(It will belong to the remnant of the house of Judah; there they will find pasture. In the evening they will lie down in the houses of Ashkelon. The LORD their God will care for them; he will restore their fortunes.)

나의 남은 국민이 그것을 기업으로 얻을 것이라(습 2:9)

(The remnant of my people will plunder them; the survivors of my nation will inherit their land.)

내가 곤고하고 가난한 백성을 너의 중에 남겨 두리니 그들이 여호와의 이름을 의탁하여 보호를 받을찌라(습 3:12),

(But I will leave within you the meek and humble, who trust in the name of the LORD.)

이스라엘의 남은 자는 악을 행치 아니하며 거짓을 말하지 아니하며 입에 궤휼한 혀가 없으며 먹으며 누우나 놀라게 할 자가 없으리라(습 3:13).

(The remnant of Israel will do no wrong; they will speak no lies, nor will deceit be found in their mouths. They will eat and lie down and no one will make them afraid.)

이스라엘은 전체적인 징벌을 받을 것이고, "살아남을 자"는 얼마 되지 않을 것이다.

만군의 여호와께서 우리를 위하여 조금 남겨 두지 아니하셨더면 우리가 소돔 같고 고모라 같았었으리로다(사 1:9).

(Unless the LORD Almighty had left us some survivors, we would have become like Sodom, we would have been like Gomorrah.)

주전 8세기의 선지자들은 선민(選民)의 멸망을 주제로 다루며(아모스, 미가, 이사야), "살아남을 자"를 "완화된 재앙"으로 표현했다. 이스라엘은 심판을 받아야 하지만 살아남을 배(船)가 남아 있다.

하나님은 구원의 말씀을 잊지 않으셨고, 사악한 백성 중에서 구원할 백성을 약속하셨다. 그 후세기에 와서는 중점이 멸망할 떠난 자에게서 구원받을 남은 자에게로 옮겨진다.

이 살아남을 사람들은 스바냐 선지자에 따르면 가난하고 보잘것없는 사람들이다(습 3:12). 선지자 미가는 하나님의 백성은 고통받는 자와 절름발이, 그리고 병자들이 심판을 면하고 살아남아 이루게 될 것이라고 했다(미 4:6-7; 습 3:19).

아모스와 이사야 선지자도 가난하고 의지할 데 없는 자들이 여호와의 보호를 받게 될 것이라고 했다. 이렇게 초기 선지자들은 "살아남을 자들"과 "가난한 자들"을 동일시했다(사 14:32).

스바냐는 나라의 유일한 희망은 '교만을 버리고 겸허하게 되는 데 있다'고 강조했다(습 2:3). 그리고 덧붙이기를 "살아남은 사람들"은 보잘것없는 사람들의 모임이며, 이들은 가난에서 영성으로 끼워져 성장해 보호를 받게 될 것이라고 했다. 가난한 이들의 재산은 하나님의 자비이다.

이에 선지자들은 두 가지를 지적한다.

첫째, 재앙의 심판에서 살아남는 것은 사람의 공로 때문이 아니고 하나님의 은총과 자비에 힘입은 일이다.

둘째, 진심으로 순수하고 깨끗한 마음으로 하나님께 의지하는 사람은 살아남는다.

하나님께 충실하며 정의를 찾고 겸손한 마음을 지닌 사람은 하나님의 은혜와 자비를 힘입어 살아남을 것이다. 이들이 성경 언약 사상의 전통이 되었다(왕상 19:18; 암 5:14-15; 9:9; 사 10:20-21; 습 2:3).

하나님을 찾아라!
정의를 찾아라!
겸손을 찾아라!

재앙의 심판에서 살아남을 것이다.

그날에 이스라엘의 남은 자와 야곱 족속의 피난한 자들이 다시는 자기를 친 자를 의지하지 아니하고 이스라엘의 거룩하신 이 여호와를 진실하게 의지하리니, 남은 자 곧 야곱의 남은 자가 능하신 하나님께로 돌아올 것이라(사 10:20).

(In that day the remnant of Israel, the survivors of the house of Jacob, will no longer rely on him who struck them down but will truly rely on the LORD, the Holy One of Israel.)

여기서 남은 자는 하나님을 전적으로 의뢰하는 자이다. 하나님을 바라보고, 하나님의 계획을 추구하고, 그것을 이루기 위해 하나님의 뜻인 공의와 의를 행하는 자이다.

이사야 선지자 외에도 에스겔, 아모스, 미가, 스바냐 등 모든 선지자가 이스라엘의 남은 자의 은총에 대하여 선포하고 있다(렘 23:3; 겔 14:20, 22; 암 9:8-10; 미 2:12, 5:3; 습 3:12-13).

남은 자를 그 몰려갔던 모든 지방에서 모아 내어(렘 23:3).

("I myself will gather the remnant of my flock out of all the countries where I have driven them and will bring them back to their pasture, where they will be fruitful and increase in number.)

그 가운데 면하는 자가 남아 있어(겔 14:22).

(Yet there will be some survivors--sons and daughters who will be brought out of it. They will come to you, and when you see their conduct and their actions, you will be consoled regarding the disaster I have brought upon Jerusalem--every disaster I have brought upon it.)

하나님의 쓰임을 받을 거룩한 그루터기가 남게 될 소망과 비전을 선지자는 하나님의 묵시로 받아 선포하였다. 여기서 거룩한 씨인 '남은 자'가 나온다.

거룩한 씨의 정체는 무엇인가?

거룩한 씨는 거룩한 하나님과 관련해서 이해해야 한다. 그러므로 거룩한 씨는 거룩한 하나님을 닮아 공의와 의를 행하는 자를 가리킨다.

그렇다면 어떻게 사람이 공의와 의를 행하는 거룩한 자가 될 것인가?

그것은 종말에 남은 자들이 메시아의 사역을 통해 의의 나무가 되어 공의와 의의 열매 맺게 될 때 가능한 것이다.

9. 포로 시대의 남은 자

1) 사드락, 메삭, 아벳느고

바벨론 포로 생활 중 7배나 뜨거운 풀무 불 속에서도 살아남은 이들은 바로 느브갓네살 포로 시대의 남은 자들이다.

환란과 위기 시대에서도 믿음으로 살았던 그들은 오히려 자신들을 죽이려 했던 자들이 남은 자의 하나님을 칭송하게 되는 영광을 얻게 된다. 그들은 임박한 무서운 위험에 직면하면서도 구원을 온전히 확신한다.

세 사람 사드락, 메삭, 아벳느고는 무서운 죽음의 시련에 직면했어도 절대 굴복하지 않은 남은 자였다.
하나님께 순종했고, 신뢰하는 남은 자요, 믿음의 청년이었다.

> 느부갓네살이 말하여 가로되 사드락과 메삭과 아벳느고의 하나님을 찬송할찌로다 그가 그 사자를 보내사 자기를 의뢰하고 그 몸을 버려서 왕의 명을 거역하고 그 하나님 밖에는 다른 신을 섬기지 아니하며 그에게 절하지 아니한 종들을 구원하셨도다(단 3:28).
>
> (Then Nebuchadnezzar said, Praise be to the God of Shadrach, Meshach and Abednego, who has sent his angel and rescued his servants! They trusted in him and defied the king's command and were willing to give up their lives rather than serve or worship any god except their own God.)

이 세 사람은 더 나아가 하나님으로부터 영광과 보호와 높임까지 얻게 된다.

2) 다니엘

다니엘은 포로 생활 중에도 하나님의 영이 함께 하심으로 왕의 꿈을 해석해서 하나님의 구속사적 비밀을 밝히는 자이다.

> 그가 나의 선 곳으로 나아왔는데 그 나아올 때에 내가 두려워서 얼굴을 땅에 대고 엎드리매 그가 내게 이르되 인자야 깨달아 알라 이 이상은 정한 때 끝에 관한 것이니라(단 8:17).

(As he came near the place where I was standing, I was terrified and fell prostrate. Son of man, he said to me, understand that the vision concerns the time of the end.)

이는 종말의 때를 시사한다(단 8:17). 종말의 때에는 많은 죽었던 자들이 깰 것이며, 그들 가운데 어떤 이들은 영생을 얻고, 어떤 이들은 영원한 수치와 치욕을 당할 것을 말한다(단 12:2).

다니엘은 간신들의 계략으로 굶주린 사자 굴속에 들어가지만, 결국 죽지 않고 살아남은 자가 되었다. 다니엘은 포로 생활 속에서도 남은 자의 사명을 감당하기 위해 바벨론 왕 느부갓네살 때부터 새로운 제국인 페르시아 제국의 고레스, 그리고 다리오 왕 때까지 궁중의 박사장으로 쓰임을 받았다(단 1:8-9; 2장; 5장; 6장). 이런 상황 속에서 다니엘은 뜻을 정하여 오직 하나님만 바라보았다.

그의 여러 환상은 종말의 때를 시사한다(욥 8:17). 다니엘도 가브리엘 천사를 통하여 환상의 비밀을 알았다. 그러나 그는 비밀로 간직했다. 왜냐하면, 다니엘이 간직한 많은 환상이 의미하는 그 종말의 때가 아직 이르지 않았기 때문이다. 그러나 그때 죽었던 자들이 깨어날 것이다.

이처럼 다니엘은 죽은 자들의 부활을 기대하는 '남은 자'였다.

3) 에스더

에스더는 매우 순종적인 인물이며, 주도성을 발휘하며, 명석함과 용기를 보여 주는 인물이다.

악한 신하 하만의 모략으로 유대인이 몰살의 위기 가운데 몰렸을 때, "죽으면 죽으리라"(에 4:16)는 믿음을 가지고 죽음까지 각오한 채 사려 깊고 용감한 행동을 했다.

아하수에로 왕과 대면했던 에스더와 그의 동역자인 왕실 고관 모르드개는 남은 자의 반열에 굳건히 서서 유대인을 몰살 위기에서 구했고, 나라를 구한 부림절(하만에 의해 전부 죽게 된 유대인들의 운명이 에스더와 모르드개에 의해 생존하게 된 것을 기념하는 구약의 열 번째 절기)의 영웅이 되었다(에 4:16; 9:31-32).

유대인들은 작은 부림이라 부르며 멸망의 위기 속에서 살아남게 된다. 에스더는 유대인들이 1년에 한 번 자신들이 적들보다 강해질 것이라는 신뢰를 받는다.

> 또 유다인을 진멸하라고 수산궁에서 내린 조서 초본을 하닥에게 주어 에스더에게 뵈어 알게 하고 또 저에게 부탁하여 왕에게 나아가서 그 앞에서 자기의 민족을 위하여 간절히 구하라 하니(에 4:8).
>
> (He also gave him a copy of the text of the edict for their annihilation, which had been published in Susa, to show to Esther and explain it to her, and he told him to urge her to go into the king's presence to beg for mercy and plead with him for her people.)
>
> 유다인에게는 영광과 즐거움과 기쁨과 존귀함이 있는지라(에 8:16).
>
> (For the Jews it was a time of happiness and joy, gladness and honor.)

에스더는 부림절의 기원을 알려 주는 축제의 전설이다. 부림절은 에스더에서 서술된 사건이다. 에스더는 페르시아 왕국의 왕비가 되며 지혜로운 여인을 대표하는 '남은 자'이며, 이후 페르시아는 유대인들에게 많은 자비를 베풀었다.

에스더는 사려 깊고 용감하게 행동하므로 하나님의 개입과 인도를 받는다. 특히, 하나님과 인간이 협력하는 것은 세상에서 가장 자연스러운 일이다.

에스더는 지혜적인 요소들의 형태를 갖춘 지혜로운 여인을 대표하는 남은 자이다.

4) 스룹바벨

하나님은 스룹바벨이 역사를 완수할 것이라고 약속하신다. 스룹바벨은 성전을 건축한 '남은 자들'이었다.

5) 에스라

에스라는 그의 가계도가 아론에까지 거슬러 올라가는 제사장 가문의 일원이다.

페르시아의 왕 아닥사스다 시대의 율법학자와 제사장으로 제2차 포로 귀환(1.500여 명)과 종교개혁을 단행하면서 남은 자의 사명을 능히 감당했다.

에스라는 공식적인 페르시아 관리였다. 그는 토라의 해석자이기도 했는데, 하나님의 손이 언제나 그와 함께했기 때문에 공동체의 총회를 이끌어 낼 수 있었다. 그뿐만 아니라, 이방 여인들과 결혼한 것을 파기하도록 한다(스 9:3).

이처럼 에스라는 하나님의 은혜로 생존한 '남은 자'이다.

6) 느헤미야

느헤미야는 페르시아 제국의 아닥사스다 왕 통치 때, 눈물과 금식으로 애국 운동, 애족 운동을 한 '남은 자'이다.

그 결과, 왕의 호의를 얻었고, 무너진 예루살렘 성벽 건축에 귀한 도구로 쓰임을 받았다. 그는 스스로가 집행관으로 좋은 모범을 보이며 앞장을 섰다.

또한, 자기 자신의 권리와 급료도 포기했다. 그뿐만 아니라, 성문과 성벽을 포함하는 도시 전체를 봉헌했고, 성벽을 따라 행진하면서 축제를 끝내는 거대한 '희생제사 축제'를 열었던 하나님의 집에 함께 모인 '남은 자'이다.

10. 포로 후기 시대의 남은 자

포로 후기 시대의 선지자들인 학개, 스가랴, 말라기는 포로기의 어두운 경험과 포로 후기의 밝은 회복의 빛을 배경으로 사역했고, 포로 이후의 시기는 포로 전기 선지자들의 예언이 성취되는 새 시대를 열었다.

하나님의 언약 기소자들로서 그들은 그 백성들에게 임박한 멸망과 수치와 사로잡힘을 미리 경고하는 동시에, 그들이 하나님에게서 피난처를 찾을 것을 권고하였다(슥 1:4).

포로는 종말론적 심판의 한 개입으로서 하나의 실재가 되었다. 예루살렘과 성전은 파괴되었고, 다윗왕은 폐위되었으며, 백성들은 사로잡히거나 공민권을 박탈당한 채 하나님으로부터의 소외감을 절감하였다.

하나님의 백성의 남은 자들은 외관상으로 영원해 보이는 것을 기다리며 예언의 말씀 성취를 보여 주는 징조들을 찾았다.

학개와 스가랴는 유배 이전의 국가 공식 신학 고유한 희망들, 즉 "여호와께서 시온과 다윗 왕조를 영원히 선택했다"는 사실에 근거를 둔 희망들이 성취될 것을 확인하였다.

그들은 유대인들의 그 작은 공동체를 이스라엘의 참된 남은 자들로 보았다.(학 1:12, 14, 슥 8:6, 12) 또한, 스룹바벨을 바로 그 남은 자들을 다스리는 대망의 '다윗 후손'으로 보았다.

그들의 설교가 대담했고, 선동적이었으며, 극히 위험한 내용이었다 할지라도 그 메시지는 희망에 찬 남은 자들의 미래를 보여 주는 긍정적인 선포였다.

결국, 위에서 살펴본 것처럼 포로 이전에 나타난 남은 자 사상은 정화를 통한 남은 자들이지만, 포로 후기 시대의 남은 자에 대한 이해는 '포로기라는 정화 과정을 거치면서 예루살렘으로 돌아온 귀환민'으로 한정되는 것을 볼 수 있다.

1) 학개

귀환 시대 때 포로들과 함께 남은 자로서 돌아온 학개, 스가랴, 말라기 선지자는 예루살렘 재건 역사에 결정적인 사명을 감당한다.

늦어진 성전 재건에 박차를 가할 수 있도록 백성들을 경책하고 경고하고 위로하고 설득하여 마침내 성전 재건을 완성하는 위대한 과업을 이루게 된다. 포로 귀환 이후의 선지자 학개의 말을 들어보자.

학개 1:12-14가 포함된 단락은 주전 520년 8월에 행한 학개의 첫 번째 성전 건축의 "독려 선포"와 그 영향력에 관한 내용이다. 특히, 그 앞(1:1-14)에는 백성들의 운명에 관한 언급이 나타난다.

나 만군의 여호와가 말하노니 너희는 자기의 소위를 살펴 볼찌니라(학 1:7).
(This is what the LORD Almighty says: Give careful thought to your ways.)

학개 1:12-14에서 학개 선지자는 자신의 '말'이 들어맞아 백성들이 마음을 움직이는 것을 것을 체험한다. 12절은 지도자와 백성이 학개의 말에서 그를 보냈던 하나님의 목소리를 듣는다고 말한다. 이어 12절에서 선지자의 말과 성과가 "백성이 다 여호와를 경외했다(두려워했다)"라는 문구를 통해 더욱 자세하게 규정된다.

다시 말해 이 말은 백성들이 새로운 형벌에 대해 불안해야 했다는 말이 아니라 그들이 자기의 눈먼 것을 확인하고 놀랐다는 말이다.

그들이 눈이 멀었을 때는 "하나님이 자기들의 운명과는 아무런 상관도 없다"라고 생각했으나, 이제 그들은 성전 건축을 등한히 함으로써 하나님의 주권을 무시했던 행동을 후회하게 되었으며, 선지자의 지시에 순종할 준비가 된 것이다.

이로써 12절에 쓰인 살아남은 백성이 긍정적 차원에서, 즉 하나님 이신 여호와의 소리와 선지자 학개의 말에 귀를 기울이는 모습으로 나타난다.

"남은 바 모든 백성"(학 1:12)이 '포로에서 돌아온 남은 백성의 남은 자'인지, '백성의 남은 자'인지 학자들 간에 의견이 일치하지는 않으나, 그러한 논쟁은 무의미하다. 왜냐하면, 두 가지 모두 포로 이후의 상황을 나타내는 것이기 때문이다. 특히, 여기에서는 기록된 선지자의 말에 귀를 기울이는 사람들을 말하지만, 백성의 "모든 남은 사람들"이라고는 할 수 없다.

그뿐만 아니라 당시 유대인의 종교적인 모임을 우리는 '모두 예배를 드리기 위한 모임'이라고 말할 수는 없다. 만약 그것이 예배를 드리기 위한 모임이었다면 "주의 음성에 순종했다"라는 의미로서 남은 자를 취할 것이기 때문이다.

어쨌든 본문에 나타나는 남은 자들은 선지자의 말에 귀를 기울이는 남은 백성들로서 포로 전기 선지자들에게 나타나는 심판의 대상이요, 전기 선지자들이 말하는 남은 자는 아님이 확실하다.

오히려 학개 1:13에서 볼 수 있는 것처럼 "내가 너희와 함께하노라 하셨느니라"라는 위기에서 구원한 위로의 말씀이 이어짐이 분명해진다. 하나님이 그의 임재와 그의 도움을 약속하는 사실은 하나님 앞에서 그들의 두려움이 신실한 회개를 이룩하게 했다는 증거도 보여 준다.

학개 2:2-9의 내용은 '학개 예언의 절정'(Climax)인데, 다음 두 가지 내용을 선포한다.

(1) 스룹바벨 성전의 영화
(2) 그 성전의 아름다움에 대해 열방이 찬사를 아끼지 않음

신탁의 수여자는 스룹바벨과 여호수아만이 아니라 '남은 백성'(2:1)에게 주어진 것이다. 신탁의 연대는 '7월 21일', 즉 주전 520년 10월 17일이 된다.

장막식은 이미 지냈고, 나흘 뒤면 '참회의 날'이 온다. 이 거룩한 절기에는 '제의 예배'를 통해 하나님의 임재를 다시 한번 확인하게 된다.

학개는 이스라엘 백성이 이집트를 나와 약속의 땅, 가나안에 처음 들어갔을 때와 마찬가지로, 바벨론의 포로 생활을 마치고 귀환한 동포들이 성전을 다시 짓는 일로 인하여 낙심하지 않게 하려고 이렇게 위로의 말을 선포한다.

> 그러나 나 여호와가 이르노라 스룹바벨아 스스로 굳세게 할찌어다 여호사닥의 아들 대제사장 여호수아야 스스로 굳세게 할찌어다 나 여호와의 말이니라 이 땅 모든 백성아 스스로 굳세게 하여 일할찌어다 내가 너희와 함께 하노라 만군의 여호와의 말이니라(학 2:4).
>
> (But now be strong, O Zerubbabel,' declares the LORD. 'Be strong, O Joshua son of Jehozadak, the high priest. Be strong, all you people of the land,' declares the LORD, 'and work. For I am with you,' declares the LORD Almighty.)

"스스로 굳세게 하여 일할지어다. 내가 너희와 함께하노라"(학 2:4)란 위로의 선포!

그리고 모세가 그의 후계자 여호수아에게 주었던 훈계의 말처럼 학개도 "너희는 두려워하지 말지어다"(학 2:5)라고 명하는 것이다.

결국, 학개 2:2에 나타난 '남은 백성'과 3절에 나타난 '남아 있는 자들'은 위로와 격려의 말을 듣는 대상으로 나타난다.

6절의 "조금 있으면"이라는 표현은 곧 다가올 역사적 사건의 도래를 암시하고 있는데, 성전 재건은 이같이 하나님의 약속이 성취되는 종말론적인 사건과 직접 연관되어 있는 것이다.

학개는 하나님께서 "하늘과 땅과 바다와 육지"(2:6), 그리고 "만국"(2:7)을 진동시킬 것이라고 말한다. 9절에서는 나무로 지은 스룹바벨 성전의 영광이 순금과 은으로 장식한 솔로몬 성전보다 뛰어나다는 것에 대해 말하고 있다.

이처럼 학개는 성전 재건이 이스라엘의 회복을 위해 절대적으로 필요하다는 것을 강조한다. 그 대상은, 곧 남은 백성이다. 남아 있는 씨앗이 아무리 작더라도, 하나님께서 열매를 주실 것을 믿고 '눈물과 함께 뿌리라'는 격려이다.

그런데 남아 있는 씨를 뿌렸지만, 소출이 없다면 온 식구가 경제적인 손실을 보고, 결국 기아에 직면하게 될 것이다.

남은 씨를 파종하는 것은 일종의 모험이다. 그러나 시인은 기쁨으로 노래하겠다고 확신한다. 하나님께서 바벨론에서 가나안으로 돌아오게 하셔서 기쁨을 주신 것처럼, 이스라엘이 곡식 단을 안고 집으로 돌아오게 하실 것이다. 하나님은 우리의 눈물을 닦아 주실 뿐 아니라 기쁨도 주신다.

학개는 다른 선지자들처럼 사자문체를 많이 사용한다. 그가 이러한 용법을 사용하는 것은 자신이 하나님의 심부름꾼임을 나타내는 것이다.

학개의 주요한 메시지는 '백성들의 죄와 하나님의 심판'이다. 그러나 학개는 다른 선지자들과는 달리 제의의 상황 안에서 백성들의 죄와 하나님의 심판을 말하고 있다.

학개는 주전 8세기 선지자들에게서 나타나는 정의, 공의, 사랑과 같은 도덕적 용어들을 사용하지 않는다. 그렇지만 학개는 백성들이 성전을 짓지 않는 것을 죄로 규정하며, 하나님은 거기에 대한 벌로서 자연적인 재해와 경제적인 궁핍을 주었다는 것이다.

그래서 학개는 외쳤다.

성전을 건축하라!

하나님의 성전을 재건하지 않고 자신들의 거처를 먼저 마련한 불신앙을 벗어 버리고, 장차 오실 메시아를 맞기 위해 성전을 재건할 것을 독려한다.

고레스의 아들 캄비세스가 죽자 페르시아 제국의 존립을 위협하는 폭동이 계속되었고, 새로 왕이 된 다리우스 1세는 수습을 위해 허덕였다. 그 당시 예루살렘이 속해 있던 사마리아 지방 당국은 이런 불확실한 정치 상황을 이용하여 조공을 중단하였다. 그러면서, 성전 건축도 중단되었다.

이때 학개는 귀환자들의 지도자인 스룹바벨과 대제사장 여호수아에게 성전 건축과 조공을 계속할 것에 대해서 확신하게 한다.

이때 학개의 두드러진 역할 가운데 하나는 역사적 상황에 대한 종말론적 해석으로, "페르시아 제국에서 일어나고 있는 일반적인 봉기는 도래할 구원의 때를 알리는 징표이다"라는 것이다.

또한, 하나님이 몸소 시온에 들어오시리라는 옛 약속은 여전히 유효하며, 다만 성취될 수 없을 뿐인데, 그 이유는 성전이 아직 건축되어 있지 않기 때문이라는 것이다.

성전의 기초 공사는 마쳤으나 사마리아 등 주변 민족들의 방해 때문에 14년 동안 중단되었던 성전 건축은 다시 진지하게 착수되었으며, 만 5년이 걸려서야 주전 516년에 마침내 완성되었고, 하나님께 봉헌되었다.

이처럼 학개는 유대교가 새로운 제의적인 중심점이 되어 계속 자기 민족의 삶을 이끌어 갈 수 있는 힘의 기반을 다지는 데 결정적인 역할을 하였다. 그는 성전 예배를 통해서만 시대마다 하나님께서 그의 백성을 위해 베푸신 구원 행위를 다시금 되새길 수 있다고 보았다.

그러나 학개는 역대기 사가처럼 스룹바벨 성전 제의와 그 예배에만 집착하지 않는다. 스룹바벨의 성전이 나무로 초라하게 지어졌으나, 그 영광이 솔로몬 성전보다 더 크다는 것은 '성전 건축과 성도의 삶은 외적인 화려함보다 정성껏 섬기는 마음이 중요하다'라는 것을 강조하는 것이다.

그리고 학개는 천지가 진동한 다음에는 종말론적인 '희망의 날'이 올 것을 기대하는데, 그는 이런 메시아의 도래를 말하면서도 '희망의 날'은 하나님만이 아시는 것임을 강조한다.

그러한 의미에서 학개는 "역사의 종말은 하나님의 손에 달려 있다"라고 본 것이다. 이는 메시아의 재림 시 있을 열방에 대한 심판과 연결되어 있으며 만국이 진동할 것이다.

학개가 외쳤듯이, 하나님의 영광이 남은 자들 사이에 다시 돌아오려면 성전을 지어야 한다는 확신으로 이런 행동을 촉구한 것은 현실 만족에 안주하려는 하나님을 떠난 세대에 경종을 울린다.
포로 귀환 이후의 선지자 학개의 말을 들어보자.

> 곳간에 씨앗이 아직도 남아 있느냐? 이제까지는, 포도나무나 무화과나무나 석류나무나 올리브 나무에 열매가 맺지 않았으나, 오늘부터는, 내가 너희에게 복을 내리겠다(학 2:19).
>
> (Is there yet any seed left in the barn? Until now, the vine and the fig tree, the pomegranate and the olive tree have not borne fruit. 'From this day on I will bless you.')

이 말씀을 우리는 학개가 선포하는 '남은 자의 축복'을 느낄 수 있다.

2) 스가랴

오늘날 대부분 학자는 스가랴 1-8장은 '순수한 스가랴의 여덟 가지 환상에 관한 예언'이고, 9-14장은 '메시아의 초림과 재림에 대한 예언'이라고 말한다.
이는 익명의 선지자가 기록한 책인데 스가랴의 예언에 첨가된 것으로 생각하고 이사야의 경우와 같이 후자를 '제2스가랴'라고 부른다. 이처럼 대부분 학자는 1-8장과 9-14장이 별개의 구조라는 것을 인정한다.

그런데 말라기도 스가랴의 제3부라는 주장이 있다. 그 이유는 역사적 배경이 다르고, 9-14장에는 유대인을 취급하지 않고, 다메섹(슥 9:1), 두로와 시돈(슥 9:2), 앗수르와 애굽(슥 10:10-11) 및 헬라 사람(슥 9:13)을 취급하고 있다.

1-8장에는 유다의 불안과 전쟁에 대한 아무런 언급을 발견할 수 없다. 그러나 9-14장에는 전쟁과 소동에 대한 언급이 많다(슥 9:4-6, 8, 13-15, 10:3-7, 11:1-3, 12:1-9, 13:7-9, 14:12-19).

스가랴1-8장의 주제는 성전의 재건과 메시아 시대가 임박한 것인데, 9-14장은 성전의 재건에 대해서는 그 어떠한 암시조차 없으며, 메시아에 대해서 한번 언급되어 있으나 그 성격이 다르다(슥 9:10-12).

그리고 1-8장에는 스룹바벨과 여호수아 등의 유명한 지도자의 이름이 등장하나, 9-14장 가운데는 지도자들을 "목자"라고만 표현하지, 그 이름은 구체적으로 기록하지 않는다. 그리고 그 성격도 스룹바벨과 여호수아와 다르다.

그리고, 연대와 저자의 이름이 기록되었는가 아니면 기록되지 않는가?

문체와 용어의 현저한 차이, 종교 현상의 차이가 나타나 있는가?

예를 들면, 1-8장 가운데서는 "새로운 가지", 곧 다윗 왕가의 기다리던 후손(렘 23:5 참조)이 나타나서(슥 3:8), 그 왕좌를 차지하려 하며, 이 사람은 다름 아닌 '스룹바벨'이라고(슥 6:9-15) 말하는데, 이 스룹바벨이 메시아라는 어투이다(4:6-10:14).

그러나 9-14장에는 메시야의 성격을 표현한다.

시온의 딸아 크게 기뻐할찌어다 예루살렘의 딸아 즐거이 부를찌어다 보라 네 왕이 네게 임하나니 그는 공의로우며 구원을 베풀며 겸손하여서 나귀를 타나니 나귀의 작은 것 곧 나귀새끼니라(슥 9:9).

(Rejoice greatly, O Daughter of Zion! Shout, Daughter of Jerusalem! See, your king comes to you, righteous and having salvation, gentle and riding on a donkey, on a colt, the foal of a donkey.)

그러므로 스가랴의 예언으로 알려진 1-8장의 예언을 살펴보면, 스가랴는 사상적으로 학개보다 앞서 있다고 보는 견해도 있으나, 둘은 성전을 재건하여 새로운 세계를 실현하려는데 전력을 기울였음은 분명해 보인다.

다만, 학개가 현실적이라면 스가랴는 이상적이었으며, 학개가 활동가의 스타일이었다면 스가랴는 환상을 보는 사색가의 성격을 가진다.

스가랴는 이상주의자이며, 그의 이상은 신정정치(Theocracy)였다. 그의 목표는 하나님께서 친히 다스리는 나라를 건설하는 것이었다. 그런데 스가랴의 신정정치의 이상을 실현하는 데는 세 가지 중요한 요소가 필요하였다.

(1) 정화된 교회
(2) 기름 부음을 받은 통치자
(3) 훈련받은 백성들

스가랴는 이것을 환상으로 보았다. 스가랴가 본 여덟 가지의 환상 중에서 다섯 가지가 신정정치에 관한 것이고, 두 가지는 이스라엘과 세계에 관한 것이다.

스가랴의 예언들은 대부분 바사의 다리우스 왕(주전 522년)이 승리를 거두고 성전 재건을 허락했으나, "유대인들의 희망이 그렇게 쉽게 실현되지 않을 것이다"라는 전망이 뚜렷해진 뒤에 설교 된 것이며, 그도 역시 동포들이 분발하도록 격려하였다.

그의 메시지는 대부분 신비적인 묵시의 형식이다. 즉, 좀 더 후대로 내려가서 널리 유행하게 될 묵시문학의 선구자로 볼 수 있는 양식으로 표현되어 있다.

학개와 마찬가지로 스가랴도 당시 널리 파급되고 있던 동란에서 여호와의 개입이 임박했음을 알리는 표징을 보았다.

그는 아직 바벨론에 거주하고 있는 유대인들에게 "다가오는 여호와의 진노를 피하여 시온으로 귀향하도록 촉구하며 여호와는 곧 승리를 거두어 이 시온에서 자기 통치권을 확립할 것이다"라고 했다(슥 2:6-13).

다리우스가 명실상부한 지배자가 될 것이 명백해졌을 때도, 그는 계속하여 백성들에 사태의 진원은 단지 늦추어졌을 뿐이며, 다가올 것이라 다짐하였다. 즉, 예루살렘을 위해서는 투기가 강한 여호와께서 다시 그것을 자기 거처로 선택했으며, 곧 승리를 거두고 자기 집으로 개선할 것이라고 선포했다(슥 1:7-17).

성전은 여호와가 좌정하여 왕답게 다스리는 자리가 되어야 하므로, 그 공신의 완성은 스가랴에게 가장 긴급한 일로 여겨졌다. 그러므로 그는 백성을 격려했고(슥 1:16; 6:15). 성전 건축 공사를 시작한 스룹바벨은 하나님의 영을 힘입어 그 완공의 날을 보게 될 것이라고 선언하였다(슥 4:6-10).

그때 예루살렘은 하나님의 백성이 온 세상에서 그곳으로 무리를 지어 몰려옴에 따라(8:1-8) 다 못 들어가서 성벽 밖으로 넘쳐 나올 만큼 큰 도성이 될 것으로(1:17; 2:1-5) 약속하였다. 그 새로운 도성 예루살렘에서는 대제사장 여호수아와 다윗 왕가 출신의 총독 스룹바벨이 하나님의 은총을 전하는 두 통로로서 중보자의 역할을 할 것이다(4:1-6, 10-14).

또한, 스가랴도 메시아를 뜻하는 어투로 스룹바벨을 찬양하였다. 그는 "새로운 가지", 곧 다윗 왕가의 기다리던 후손이 바야흐로 나타나서(슥 3:8), 그 왕좌를 차지하려 하며, 이 사람은 다름 아닌 스룹바벨이라고(슥 6:9-15) 선언하였다.

스가랴 8:6, 11-12가 속해 있는 곳은 스가랴의 여덟 가지 환상(1장-6:8)을 지나 책임과 약속에 대한 신탁들에서 특히 새로운 시대에 대한 약속 가운데 주어진 본문이다.

스가랴는 백성, 땅, 축복, 보호, 평화, 영적인 변형, 열국의 포함, 피조물을 새롭게 함에 있어 하나님의 임재에 관한 약속들을 확증하였다. 축복과 보호에 있어 여호와의 임재는 이루어질 변형에 대한 소망뿐 아니라 회복의 현재 보증이다.

포로 후기 선지자들이 성취가 표징으로 이미 그들의 것이 되었음을 강조하는데, 약속의 초점은 성전 사람들로 상징되는 '하나님의 돌아오심'이다(슥 1:16).

그의 임재는 하나님의 도성과 관련된 이름들이 상징하는 언약적 관계를 보증한다. 하나님이 단언하였던 바와 같이 하나님의 임재는

포로 후기 공동체 속에서 경험되었다;

> 이제 내가 예루살렘과 유다 족속에게 은혜를 베풀기로 뜻하였나니 너희는 두려워 말지니라(슥 8:15).
> (so now I have determined to do good again to Jerusalem and Judah. Do not be afraid.)

하나님은 그들이 두려움을 없애고, 그들에게 그의 선하심을 기뻐할 이유를 줄 것을 약속하셨다.

하나님은 임재하여 그의 백성을 축복하고(8:12-14), 보호하며, 그들을 지킨다. 그들은 하나님의 귀한 백성이기 때문에 역경에 처할지라도 그들의 하나님으로서 그들과 함께하신다.

하나님은 왕이며, 그의 백성은 이 땅에서 그의 왕국을 구성한다. 그는 그들에게 포로 후기 선지자가 선포하였던 평화를 준다(슥 3:10). 유대인과 이방인이 함께 시온에서 피난처를 찾을 것이기 때문에 하나님의 백성은 숫자상으로도 증가할 것이다(슥 3:10; 8:20-23).

여기서 구약의 다른 부분에서와 마찬가지로 하나님의 도성, 시온은 그의 백성 가운데 거하시는 하나님의 임재가 주는 그분의 축복과 보호를 의미한다.

여호와는 그분이 그분의 백성을 위해 열심이심을 말씀하시는데, 그분의 열심은 백성들에게 땅과 성읍들을 회복시켜 주는 데서(1:17), 그리고 그의 백성은 기쁨과 번영에서(8:4-6) 구체적으로 표현된다.

스가랴는 학개가 그랬듯이(학 2:10,15-19), 약속의 말씀을 다시 반복함으로써 남은 백성으로 이 모든 것을 누리게 하시겠다는 용기와 희망의 메시지를 선포한다.

3) 말라기

말라기 선지자는 성전 완공 이후(주전 516년) 이스라엘 백성들의 언약 파괴와 함께 영적, 도덕적인 타락에 대하여 강하게 질책하고 언약의 갱신을 선포한다.

당시의 제사장들은 부패한 제사를 드렸으며, 성전 의무를 불경스럽고 형식적으로 수행했다(말 1:13). 백성들은 아내를 버리고 이방 여인과 결혼하였다(말 2:14). 말라기 선지자는 그들의 죄를 모두 지적하고, 그들이 돌이켜 회개할 것을 촉구했다.

또한, 장차 오실 남은 자의 표상인 '메시아 대망의 빛'을 선포하는 귀한 사명을 감당하는데, 그 오실 메시아를 맞이할 "준비를 하라"라고 권면한다.

선민 이스라엘이 메시아의 강림을 준비하는 길은 모세의 율법을 기억하고 그대로 실천하는 일이다. 또한, 하나님께서 그리스도가 강림하기 직전에 주의 길을 예비하는 사자를 보내어 다시 한번 회개를 외칠 것으로 예고해 주셨다.

이는 훗날 세례 요한이 광야에서 "회개하라 천국이 가까왔느니라"라고 외친 것이 이 예언의 성취가 된다(마 3:2).

그리스도의 초림으로 여호와의 날은 이 땅에 임했으며, 재림으로 그날은 완성된다.

보라 여호와의 크고 두려운 날이 이르기 전에 내가 선지 엘리야를 너희에게 보내리니 그가 아비의 마음을 자녀에게로 돌이키게 하고 자녀들의 마음을 그들의 아비에게로 돌이키게 하리라 돌이키지 아니하면 두렵건대 내가 와서 저주로 그 땅을 칠까 하노라 하시니라(말 4:5-6).

(See, I will send you the prophet Elijah before that great and dreadful day of the LORD comes. He will turn the hearts of the fathers to their children, and the hearts of the children to their fathers; or else I will come and strike the land with a curse.)

그 중에 십분의 일이 오히려 남아 있을찌라도 이것도 삼키운바 될 것이나 밤나무, 상수리나무가 베임을 당하여도 그 그루터기는 남아 있는 것 같이 거룩한 씨가 이 땅의 그루터기니라(사 6:13).

제3장

신약성경의 남은(生殘) 자

  신약 시대에 남은 자는 하나님의 은혜로 선택받은 자로서 영적 이스라엘, 곧 '그리스도를 믿고 순종하는 성도'를 말한다. 이는 온갖 환난이나 위기 가운데서도 하나님의 권념(眷念)하시는 은혜로 마침내 구원을 얻게 될 영적 이스라엘 백성을 말한다.

  이들은 하나님의 진정한 택함을 받은 자들이다(롬 9:19-30). 그러나 이스라엘 민족 전체의 회복이 아니라 남은 자의 회복을 강조한다.

  구약 시대에 모두가 우상 숭배에 빠지고 앗수르와 바벨론에 멸망하여 사로잡혀 간 가운데서도 하나님에 관한 신앙을 포기하지 않은 자들이 남아 있었고 그들이 돌아와 이스라엘의 신앙을 회복시키고 부흥시켰다.

  신약 시대에 모두가 영적으로 침체하여 로마의 박해 가운데 있을 때 하나님에 대한 신앙을 가진 예수님의 제자들이 남아 있었고, 그들이 성령 충만하여 초대 교회를 세우고 확장했다. 그처럼 종말에도 사탄의 온갖 핍박과 유혹에도 신앙을 지키는 자들이 살아남아 하나님의 후사로 나라를 이룰 것이다.

  사탄이 그것을 알기 때문에 참 생명력을 가진 '여자의 남은 후손들', 곧 '남은 자'와 더불어 마지막 일전을 벌이기 위해 바닷모래 위에 선 것이다. '바닷모래 위'는 용이 여자의 남은 자손과 싸우는 장소라기보다는 용이 여자의 남은 자손과 싸우기 위해 여자의 남은 자손을 공격하게 할 짐승을 부르는 장소라 할 수 있다.

> 이스라엘 뭇자손의 수가 비록 바다의 모래 같을찌라도 남은 자만 구원을 얻으리니(롬 9:27).
>
> ("Though the number of the Israelites be like the sand by the sea, only the remnant will be saved.)

1. 세례 요한

구약의 마지막 선지자 세례 요한은 제사장 아비아 가문의 후손이며, 남은 자의 표상인 예수 그리스도의 탄생 직전에 말씀을 외쳤던 구약의 마지막 '남은 자'의 대표 인물이다.

말라기 선지자는 "크고 두려운 날이 이르기 전에 내가 선지 엘리야를 너희에게 보내리니"라고 했는데(말 4:5), 그가 바로 '선한 사람 세례 요한'이다.

요한의 뜻은 '여호와의 선물'(Jehovah's gift)이고, '하나님은 은혜로우시다'(God is graciouds)이다. 세례 요한은 에세네파로 광야에서 외쳤던 하나님이 남겨 놓으신 구약의 마지막 선지자이다.

그는 '주를 위하여 백성을 예비하도록 세운'(눅 1:17) 하나님의 선지자였고, 예수 그리스도보다 앞에 태어나 '그분의 길을 예비'하고, 그 백성을 회개시켜 구원에 이르게 하는 남은 자의 사명을 잘 감당하였다. 그는 오실 메시아의 임박한 도착과 그 메시아가 집행할 심판을 위해 준비한 충실한 남은 자를 소리쳐 불러냈다.

그는 선한 사람이었으며, 충성된 자의 모습으로 남은 자였고, 죄 사함을 얻기 위해서가 아니라 영혼이 이미 의로운 행위로 말미암아 깨끗하게 되었을 때 육신의 정화를 위해서 세례를 받아야만 그 세례가 하나님께 받아들여질 수 있다고 가르쳤다.

'참 이스라엘은 거룩한 남은 자들로 이루어지리라'는 사상은 구약에서 그 기원이 발견되는데(왕상 19:18; 사 10:21; 28:16; 렘 23:2; 슥 3:32), 중간기의 문헌들에서는 그것이 중요한 주제로 등장했다.

그들 이스라엘 민족은 바리새파, 사두개파, 에세네(Essenes)파, 셀롯파와 같은 네 부류의 사람들로 나누어져, 서로 이스라엘의 "살아남은 자들"임을 표방했다.

(1) 바리새파는 세상과 상관없이 율법을 준수하는 일상생활 속에서 순결을 추구했다. 조상으로부터 전해 내려온 모세오경의 전통적인 가르침을 고수했다.
(2) 사두개파는 보수적이고, 오경에 기록된 율법 외에는 어떠한 것도 그의 항구적인 유효성을 부인하였다. 특히, 그들은 영혼과 죽음, 부활, 천사와 귀신을 부인했다.
(3) 에세네파는 세상과 아예 분리된 순결을 유지하기 위해서 타협을 허용하지 않았고, '빈 들의 삶'을 추구했다. 그리고 스스로 남은 자임을 자처했다. 또한, 자신들은 주저 없이 '참 이스라엘', '남은 자', '선민', '은혜의 아들', '새 언약의 일원'이라고 자부했다.

(4) 셀롯파는 세상을 (무력으로) 변혁시켜려 했는데, 이들은 예언자들이 말하는 참뜻을 따르지 않았고, 외부적이고 형식적인 엄격한 제관들의 제식(祭式) 규정을 지키는 것을 구원받고 살아남는 덕성으로 단정했다.
이렇게 함으로써 그들은 종말에 살아남아 강력한 이스라엘 국을 세우고 거룩한 나라, 제관들의 나라를 세울 것으로 생각했다 (출 19:6).

쿰란 에세네파는 자신들을 '하나님의 호의로 선택받은 사람'이라고 생각했다. 남은 자들의 존재는 사람의 공로보다는 하나님의 호의이며, 사람의 성취나 자격에 달려 있지 않다. 하나님의 은혜이며 하나님께 요구할 수 없다.

세례 요한은 성령을 소유한 선지자(마 11:9-10)이며, '예언의 영'에 감동된 사람이며(눅 1:15), 그의 메시지는 "성령의 부으심이 임박했다"라는 내용이었다. 이제 오실 분은 성령과 불로 세례를 주신다(마 3:11)고 말했다. 그의 물에 잠기는 세례는 불같은 성령의 압도적인 경험의 상징이며 정화의 의미이다.

그는 하나님 나라의 선구자이며, 그가 죽은 후에도 상당 기간 제자들이 공동체 생활을 유지했다.

2. 예수 그리스도

예수님은 유대인의 메시아, 곧 그리스도로 오셨으며, 남은 자의 표상이요, 성취자이셨으며, '온 이스라엘'을 구원으로 초청하셨다. 그러나 예수님은 점차 소수의 유대인만이 그가 제시한 구원을 받아들인다고 하셨다.

복음서들은 사실상 '남은 자와 떠난 자'의 분리의 과정과 이러한 분리가 이스라엘 가운데 만들어 내는 갈등의 이야기이다.

선한 목자를 따르는 제자들을 '적은 양 떼'(little flock)라 불렀으며(눅 12:32). 그들은 대다수 예수님을 거부하며 결국 예수님의 죽음을 모의하던 민족 지도자들과 예수님께 적대적이거나 무관심한 유대 민중과 분리되었다.

그러나 예수님은 오직 제자들을 이스라엘의 택한 자, 남은 자로 부르셨다. 그는 이스라엘의 잃어버린 양을 모으셨으며, 예레미야 선지자가 말하던 '남은 자'(렘 23:3), 즉 양 떼를 다시 구성했다.

예언서에서 재앙의 심판은 역사적이며 종말적인 것으로 선언한다. 마지막 심판에 대한 말씀은 '살아남을 사람들'에 관한 말씀과 함께 곧 다가올 현시적인 역사적 사실이다. 재앙의 심판과 살아남은 사람, 곧 구원의 예는 노아의 홍수 심판에서 살아남은 노아와 8명의 가족으로 이미 그 모형이 제시되었다(창 6-9장).

예수님은 이스라엘의 남은 자로 판명 날 공동체를 불러 모으기 위해 그 자신을 내어 주셨음이 분명하다. 적은 무리는 다가올 시대에 이루어질 축복을 어느 정도 누렸으며, 그들은 하나님과 더불어 '새 언약을 맺은 사람들'로 나타난다.

예수님은 그분의 선포에 응답한 사람을 "하나님의 가족"(막 10:29-30), "하나님의 양 떼들"(눅 12:32; 막 14:27), "하나님의 밭"이라고 했으며(마 13:24), 그들은 하나님의 택하신 자들(막 13:22)이었다.

또한, 하나님이 예레미야에게 약속하신 새 언약을 받게 될 남은 자들이다(눅 22:20; 고전 11:25; 막 14:24). 예수님께서 음부의 권세가 이기지 못할 '내 교회'라고 부르신 천국 열쇠를 받은 '남은 자'들이다(마 16:18).

구약 시대, 곧 모세의 율법과 선지자의 초점인 예수 그리스도 그분은 바로 남은 자의 표상, 남은 자의 예표와 성취자이다.

아브라함과 다윗의 자손 예수 그리스도의 계보라(마 1:1).

(A record of the genealogy of Jesus Christ the son of David, the son of Abraham:)

이 말씀은 구약성경 전체를 결론짓고, 신약성경 전체를 여는 말씀이다.

구약성경 4,000년 동안 기다리던 메시아가 드디어 기름 부음을 받은 예수 그리스도(Χριστός, 크리스토스, christ)로 오셨다는 선언이다. '크리스토스'는 히브리어 단어 '메시아(משיח[마쉬하], Μασσίας, Messiah)를 그리스어로 번역한 것이다. 마태복음 1:1에 '다윗의 자손 예수 그리스도'에 관해 그 족보를 소개하면서, 마태는 두 번 더 예수님을 그리스도라고 말한다.

이 '그리스도'라는 칭호 속에는 왕적인 의미가 함축되어 있다. 동방박사들은 "유대인의 왕으로 나신 이가 어디 계시뇨"(마 2:2)라고 질문하였다. 또한, 헤롯 왕이 "그리스도가 어디서 나겠느뇨 물으니"(마 2:4)에서 탄생 장소를 묻는 것이 명백하게 드러난다.

이 칭호에 대한 마태의 이해는 "주는 그리스도시요 살아계신 하나님의 아들이시니이다"(마 16:16)라는 베드로의 신앙고백에 관한 기록에서도 드러난다.

마태는 "살아 계신 하나님의 아들"이라는 말을 덧붙임으로써 하나님의 아들과 그리스도(크리스토스)를 동일시한다.

그러므로 마태가 예수님을 다윗 계열의 메시아, 예언의 성취자(하늘나라가 임박하였음을 선포하고 예수님을 그들의 왕으로 받아들이는 자들을 모으는)로서 제시하고 있음은 명백하다. 메시아적 왕이신 그리스도는 백성이 필요하며 논리적 귀결로서 하나님의 백성, 남은 자가 필요하게 된다.

> 헤롯 왕 때에 예수께서 유대 베들레헴에서 나시매 동방으로부터 박사들이 예루살렘에 이르러 말하되 유대인의 왕으로 나신 이가 어디 계시뇨 우리가 동방에서 그의 별을 보고 그에게 경배하러 왔노라 하니(마 2:1-2).
>
> (After Jesus was born in Bethlehem in Judea, during the time of King Herod, Magi from the east came to Jerusalem and asked, "Where is the one who has been born king of the Jews?)

남은 자의 표상되신 예수 그리스도께서 새 역사의 도래를 선포하는 말씀이다. 그리스도의 탄생은 바로 구약 전 역사를 통해 기다렸던 메시아 구세주의 도래 하심이다.

베들레헴 말구유가 다윗이 왕으로 등극하기 전에 살며, 양 떼를 기르던 집이라는 전승이 내려오고 있다.

> 천사가 이르되 무서워 말라 보라 내가 온 백성에게 미칠 큰 기쁨의 좋은 소식을 너희에게 전하노라 오늘날 다윗의 동네에 너희를 위하여 구주가 나셨으니 곧 그리스도 주시니라 너희가 가서 강보에 싸여 구유에 누인 아기를 보리니 이것이 너희에게 표적이니라 하더니 홀연히 허다한 천군이 그 천사와 함께 있어 하나님을 찬송하여 가로되(눅 2:10-13).
> (But the angel said to them, "Do not be afraid. I bring you good news of great joy that will be for all the people. Today in the town of David a Savior has been born to you; he is Christ the Lord. This will be a sign to you: You will find a baby wrapped in cloths and lying in a manger." Suddenly a great company of the heavenly host appeared with the angel, praising God and saying,)

남은 자의 표상이 되시는 예수 그리스도는 바로 하나님의 아들이다.

> 말씀이 육신이 되어 우리 가운데 거하시매 우리가 그 영광을 보니 아버지의 독생자의 영광이요 은혜와 진리가 충만하더라(요 1:14).
> (The Word became flesh and made his dwelling among us. We have seen his glory, the glory of the One and Only, who came from the Father, full of grace and truth.)

히브리서 기자는 남은 자의 구원을 책임지고 완성할 진정한 남은 자 되신 예수 그리스도의 구원 역사를 놀랍게 밝히고 있다.

> 옛적에 선지자들로 여러 부분과 여러 모양으로 우리 조상들에게 말씀하신 하나님이 이 모든 날 마지막에 아들로 우리에게 말씀하셨으니 이 아들을 만유의 후사로 세우시고 또 저로 말미암아 모든 세계를 지으셨느니라(히 1:1-2).
> (In the past God spoke to our forefathers through the prophets at many times and in various ways, but in these last days he has spoken to us by his Son, whom he appointed heir of all things, and through whom he made the universe.)

> 좁은 문으로 들어가라 멸망으로 인도하는 문은 크고 그 길이 넓어 그리로 들어가는 자가 많고 생명으로 인도하는 문은 좁고 길이 협잡하여 찾는 이가 적음이니라(마 7:13).
> ("Enter through the narrow gate. For wide is the gate and broad is the road that leads to destruction, and many enter through it.)

구원의 길은 좁고 구원받을 사람은 소수라는 말씀이다. 예수님이 세상에서 구원의 복음을 전하실 때도 먼저 소수를 부르셨고, 그 소수를 통해 다수에게 생명의 소식을 전하는 방법을 택하셨다.

예수님은 사탄의 "한 번만 절하면 온 천하를 주겠다"라는 시험을 물리치셨고, 갈릴리 해변과 유대와 사마리아 땅에서 제자를 한 사람씩 부르셨다. 그뿐만 아니라 기적을 통해 하나님 나라를 건설하는 길을 택하지 않으셨고, 십자가의 길을 택하셨다. 한 사람 한 사람에게 복음을 전하는 길을 택하셨다.

남은 자를 구원하기 위해 오신 '진정한 남은 자 되신 예수 그리스도'는 바로 마지막 아담으로 살려주는 영으로 오셨고(고전 15:45), 잃어버린 자를 구원하기 위해 이 땅에 성육신으로 오셨고(눅 19:9-10), 자기 목숨을 십자가의 대속물로 주기 위해 오신 분이다(막 10:45).

부활하셨고, 승천하셨고, 오순절 성령을 보내셔서, 하나님 보좌 우편에서 앉아 우리를 위해 중보기도와 통치를 하시며, 그리고 재림하실 것이고, 심판의 주로 임할 것이다.

남은 자의 참된 구원자가 되고, 진정한 표상이 되는 예수 그리스도는 이 시대의 남은 자들을 향하여 '회개하고 복음을 믿으라'고 외친다.

또한, 그 남은 자를 구원하기 위해 먼저 복음을 깨달은 남은 자들은 "온 천하를 다니며 만민에게 복음을 전파하는" 사명을 감당해야 한다(막 16:15).

회개하고 믿고 세례를 받은 자는 바로 구원을 얻은 이 시대의 남은 자라고(막 16:16) 하신다.

1) 열두 제자

예수님은 "밤이 새도록 하나님께 기도하신 후에"(눅 6:12-16), 많은 추종자 중에서 특별히 열두 명을 선택하여 제자로 삼았다.

'12'라는 숫자는 심오한 신학적 의미가 있다. 야곱의 열두 아들이 열두 조상의 뿌리이다. 열두 제자를 임명하신 것은 선지자적 상징 행위이다. 그것은 회복된 이스라엘의 중추요, 기초로서 열두 제자는 새롭게 구성될 하나님 백성의 조상이다.

그들은 이스라엘의 잃어버린 양을 모으며, 예레미야 선지자가 말하던 '남은 자'(렘 23:3), 즉 '적은 무리'(적은 양 떼, little flock)를 다시 구성하였다. 소수의 유대인만 포함되는 '남은 자'는 부르심과 초청에 응답한 사람으로, 예수님의 제자들은 남은 자로 부르셨고, 그 부르심에 응답했다.

2) 잃은 양 한 마리

> 너희 중에 어느 사람이 양 일백 마리가 있는데 그중에 하나를 잃으면 아흔아홉 마리를 들에 두고 그 잃은 것을 찾도록 찾아다니지 아니하느냐(눅 15:4).
> ("Suppose one of you has a hundred sheep and loses one of them. Does he not leave the ninety-nine in the open country and go after the lost sheep until he finds it?)

예수님은 인간적인 의인, 즉 바리새인들이나 서기관들보다는 하나님 앞에서 회개한 한 사람의 죄인이 더 중요하다고 말씀하셨다.

예수님이 오신 목적은 회개하고 돌아온 잃은 양 한 마리를 찾기 위함이다. 잃은 양 하나를 찾아 나선 것은 그것이 매우 위험에 처해 있기 때문이다.

누가복음 15:7에 나타난 99마리의 양은 '구원받은 의인'으로, 잃은 양 한 마리는 '구원받을 남은 자'로 해석함이 분명하다.

3) 열두 광주리

이에 거두니 보리떡 다섯 개로 먹고 남은 조각이 열두 바구니에 찼더라(요 6:13).
(So they gathered them and filled twelve baskets with the pieces of the five barley loaves left over by those who had eaten.)

오병이어의 기적을 보면, '열두 광주리'가 남아 있다.

이 남은 것의 의미는 예수님이 생명의 떡이며, 양식이며, 모든 사람에게 구원을 주실 수 있는 분임을 알려 준다.

4) 물고기 153

시몬 베드로가 올라가서 그물을 육지에 끌어 올리니 가득히 찬 큰 고기가 일백 쉰세 마리라 이같이 많으나 그물이 찢어지지 아니하였더라(요 21:11).
(Simon Peter climbed aboard and dragged the net ashore. It was full of large fish, 153, but even with so many the net was not torn.)

그 넓은 디베랴 바다(요 21:1), 즉 갈릴리 호수에는 수많은 고기 떼가 있었을 것이다.

그러나 베드로는 "이 밤에 아무것도 잡지 못했다"(요 21:3)고 한다. 그러자 예수님이 "그물을 배 오른편에 던지라 그리하면 얻으리라"(요 21:6) 말씀하시자, 그 말씀대로 153마리가 잡혔다.

이는 열두 제자가 사방으로 흩어져서 복음을 전파하다가 순교를 당했으나, 그 열매가 그리 많지 않을 것을 보여 주는 모습이다.

3. 사도 바울

1) 구원의 백성

사도 바울은 로마서에서 이렇게 선언한다.

> 대저 표면적 유대인이 유대인이 아니요 표면적 육신의 할례가 할례가 아니라 오직 이면적 유대인이 유대인이며 할례는 마음에 할찌니 신령에 있고 의문에 있지 아니한 것이라 그 칭찬이 사람에게서가 아니요 다만 하나님에게서니라(롬 2:28-29).
> (A man is not a Jew if he is only one outwardly, nor is circumcision merely outward and physical. No, a man is a Jew if he is one inwardly; and circumcision is circumcision of the heart, by the Spirit, not by the written code. Such a man's praise is not from men, but from God.)

이는 "육체에 받는 할례가 아니라 성령을 통해 마음에 받는 할례로 인하여 참된 유대인, 즉 구원받은 백성이 된다"(롬 2:28-29)는 것이다.

하나님의 선택을 받고 거룩하고 진실하게 사는 자가 남은 자라고 한다.

그리고 '마음의 할례를 받은 자'는 "하나님을 영으로 예배하고, 오직 예수를 자랑하며 육체를 신뢰하지 않는 자"(빌 3:3)라고 밝힌다.

> 남은 자만 구원을 얻으리라(롬 9:27).
> (only the remnant will be saved.)

이스라엘 백성 중 오직 남은 자, 즉 극소수만이 임박한 심판에서 살아남고 귀환하게 된다. 오직 남은 자만 살아남더라도 그 숫자와 관계없이 그들이 살아남아 회복의 소망이 될 것이다.

남은 자들이 포로로부터 귀환할 뿐만 아니라 "남은 자 곧 야곱의 남은 자가 능하신 하나님께로 돌아올 것이라"(사 10:21)고 했다. 이런 이사야의 예언은 거듭해서 나타나는 주제인데, 그의 맏아들의 이름인 스알야숩(남은 자는 돌아오리라)을 통해 잘 나타난다.

만일 만군의 주께서 우리에게 씨를 남겨 두시지 아니하셨더면(롬 9:29).
("Unless the Lord Almighty had left us descendants,)

만일 하나님께서 우리 가운데 남은 자(씨앗)를 아끼지 아니하셨더면 우리가 소돔과 고모라처럼 완전히 멸망했을 것이다. 소돔과 고모라는 완전히 진멸당한 심판의 표본이다.

그런즉 이와 같이 이제도 은혜로 택하심을 따라 남은 자가 있느니라(롬 11:5).
("Unless the Lord Almighty had left us descendants)

사도 바울은 이스라엘이 선민으로 선택되었으나 메시아의 약속을 저버렸다는 점을 강조하면서, 이교도 출신 그리스도교 신자들에게 개종하지 않고 경멸을 일삼는 "유대인을 경계하라"고 했다(롬 9-11장). 살아남을 사람들은 그리스도를 받아들이는 사람들이며, 이들이야말로 이스라엘의 구원을 예선적(豫先的)으로 받는 혜택을 얻게 될 것이다.

"남은 자 신학"은 그리스도의 구원이 어느 일정한 민족이나 부류에 국한하지 않고 모든 사람을 구원하는 '보편 구원론'을 주장한다. 하나님을 경외하는가가 남은 자의 조건이다.

2) 현재도 남은 자가 있다

로마서 9:27의 '남은 자'는 이사야 6장에서 인용한 말씀이다. 선지자 이사야는 하나님 이상으로 의지가 되고, 힘이 되어주던 웃시야 왕이 죽자 큰 위기에 직면하게 된다. 모든 것이 무너지는 듯한 좌절감에 빠지게 되었다.

그러나 이러한 인간적인 위기와 좌절을 통해 하나님을 향해 눈을 뜨고 마음 문을 열 수 있었다. 성전에 들어가 기도했고, 말씀을 묵상하는 중에 하나님의 임재를 경험했고, 자신의 죄를 깨닫고 자복하게 된다.

그때 그는 "내가 누구를 보내며 누가 우리를 위하여 갈꼬"(사 6:8)라는 주의 부르심의 음성을 들었고, "내가 여기 있나이다 나를 보내소서"(사 6:8)라고 응답했다.

그의 응답에 대해 하나님은 장차 이스라엘 백성이 포로가 되어 멸망할 사실을 보여 주신다. 동시에, '남은 자(remnant)들이 다시 하나님의 백성을 형성할 것'을 예언하셨다.

이 예언을 인용하여 바울은 현재에도 이런 남은 자만이 구원을 얻을 것을 밝히며, 이들을 통해 하나님의 위대한 섭리와 뜻이 실현될 것을 보여 주고 있다.

저에게 하신 대답이 무엇이뇨 내가 나를 위하여 바알에게 무릎을 꿇지 아니한 사람 칠천을 남겨 두었다 하셨으니 그런즉 이와 같이 이제도 은혜로 택하심을 따라 남은 자가 있느니라(롬 11:4-5).

(And what was God's answer to him? "I have reserved for myself seven thousand who have not bowed the knee to Baal." So too, at the present time there is a remnant chosen by grace.)

3) 7,000명을 남겨 두다

로마서 11:4-5에는 "남은 자를 7,000명 남겨 두었다"라고 하는데, 이 내용은 열왕기상 19장에 나타난 선지자 엘리야를 배경으로 한다.

당시 이스라엘이 아합과 이세벨의 통치하에서 전적으로 바알 경배에 빠진 것을 엘리야가 송사하니까, 하나님은 "아직도 바알에 무릎을 꿇지 않은 7,000명이 있다"라고 말씀한 적이 있었다.

바울이 지금 이 말씀을 인용하면서 현재에도 은혜로 택하심을 받은 '남은 자'가 있음을 설명하고 있는 것이다.

로마서 9:27에서는 남은 사람만이 구원을 얻을 것이라고 했다. 또한, 데살로니가전서 4:17에는 남은 사람이 주님을 영접하게 될 것을 알려 준다.

그 후에 우리 살아 '남은 자'도 저희와 함께 구름 속으로 끌어 올려 공중에서 주를 영접하게 하시리니 그리하여 우리가 항상 주와 함께 있으리라(살전 4:17).

(After that, we who are still alive and are left will be caught up together with them in the clouds to meet the Lord in the air. And so we will be with the Lord forever.)

여기서 말하는 남은 자는 누구일까?

로마서 8:1의 "그러므로 이제 그리스도 예수 안에 있는 자에게는 결코 정죄함이 없나니"에 따르면 예수 그리스도 안에 있는 사람들이다. 이들은 예수님 안에서 결코 정죄함이 없는 사람들로, 예수님 안에 남은 자가 이긴 자인 것이다. 그들은 바로 '너와 나 우리'이다.

요한복음에는 살아남을 사람들의 구원을 주관할 그리스도께서는 "메시아를 받아들이는 모든 사람의 구원을 대상으로 한다"고 알아들었다.

그리스도의 호소가 이스라엘 안에서 분열을 가져왔지만, 예수님은 온 나라의 구원을 목표로 했다. 예수 그리스도는 축복받을 사람들의 부류로 '가난한 사람', '고통받는 사람', '순진한 사람', '작은 사람'을 꼽았다. 그는 구원의 조건으로 회개할 것과 하나님을 믿을 것을 내세웠다.

> 두아디라에 남아 있어 이 교훈을 받지 아니하고 소위 사단의 깊은 것을 알지 못하는 너희에게 말하노니 다른 짐으로 너희에게 지울 것이 없노라(계 2:24).
> (Now I say to the rest of you in Thyatira, to you who do not hold to her teaching and have not learned Satan's so-called deep secrets (I will not impose any other burden on you):)

두아디라 교회 안에도 신앙 안에 '소수의 남은 자'와 그렇지 않은 대 '다수의 떠난 자'가 섞여 있다는 것인데, 굳이 성경이 그 사람들을 남아 있는 자들이라고 표현한 것은 두아디라 교회의 대다수가 배도하는 가짜였다는 말이며, 요한계시록 2:24 이하에 기록된 말씀은 주님께서 바로 그 남은 자들에게 하시는 말씀이다.

  요한에게 배운 믿음으로 살고, 그 믿음을 주님이 다시 오실 때까지 굳게 잡은 '남은 자'!

  남은 자에게 만물을 다스릴 권세를 주고 구원의 영광을 주신다.

  요엘 선지자는 신약 시대에도 '남은 자'가 있을 것을 예언했다.

> 누구든지 여호와의 이름을 부르는 자는 구원을 얻으리니 이는 나 여호와의 말대로 시온 산과 예루살렘에서 피할 자가 있을 것임이요 남은 자 중에 나 여호와의 부름을 받을 자가 있을 것임이니라(욜 2:32; 행 2:1-21).
>
> (And everyone who calls on the name of the LORD will be saved; for on Mount Zion and in Jerusalem there will be deliverance, as the LORD has said, among the survivors whom the LORD calls.)

  하나님을 섬기며 예배하는 하나님의 자녀는 '남은 자'이다. 누구든지 주의 이름을 부르는 자는 구원받은 자, 곧 '남은 자'이다(행 2:21).

  사도 바울은 신약 시대에도 남은 자가 있다고 했다.

> 바다의 모래 같을찌라도 남은 자만 구원을 얻으리니(롬 9:27).
>
> (only the remnant will be saved.)

> 주께서 우리에게 씨앗을 남겨 두시지 아니하셨더면(롬 9:29).
>
> ("Unless the Lord Almighty had left us descendants)

> 그런즉 이와 같이 지금도 은혜로 택하심을 따라 남은 자가 있느니라(롬 11:5).

(So too, at the present time there is a remnant chosen by grace.)

온갖 환난이나 위기 가운데서도 하나님의 권면하시는 은혜로 결국에는 구원을 얻게 될 남은 자를 말한다. 하나님의 진정한 택함을 받는 남은 자이다. 이처럼 하나님을 경외하는 자가 남은 자이다.

4) 하나님의 선택

> 곧 창세전에 그리스도 안에서 우리를 택하사 우리로 사랑 안에서 그 앞에 거룩하고 흠이 없게 하시려고(엡 1:4).
>
> (For he chose us in him before the creation of the world to be holy and blameless in his sight. In love)

창세전에 하나님 뜻의 비밀 가운데 그리스도인을 예수 그리스도 안에서 '택한 아들'로, 즉 '남은 자'로 미리 정하셨다. '남은 자'는 하나님의 선하시고 기쁘신 뜻대로 선택을 받았다.

그러므로 전적으로 우리가 말하는 것이나 생각하는 것, 그리고 행동한 것과는 상관이 없다. 우리는 하나님의 기쁘신 뜻에 따라 선택을 받았다. 하나님이 나를 보시고, 아시고, 나를 선택하시고, 그의 마음에서 그리스도를 통해 구원을 얻도록 해 주신 것이다.

'나의 나 된 것은 하나님의 은혜'이다. 나의 장래가 하나님의 손에 달려 있다. 나의 안전감과 나의 기쁨은 하나님의 손에 달려 있다.

4. 사도 요한

사도 요한은 '종말에도 남은 자가 있다'고 했다.

> 용이 여자에게 분노하여 돌아가서 그 여자의 남은 자손 곧 하나님의 계명을 지키며 예수의 증거를 가진 자들로 더불어 싸우려고 바다 모래 위에 섰더라(계 12:17).
> (Then the dragon was enraged at the woman and went off to make war against the rest of her offspring--those who obey God's commandments and hold to the testimony of Jesus.)

"여자의 남은 자손"은 교회 공동체에 속하여 종말에 순교를 각오한 성도를 말한다.

요한계시록 13장을 보면, 두 짐승이 등장한다. 요한계시록 13:1-10에는 바다에서 일곱 머리와 뿔이 열이 달린 짐승이 나오고, 이어지는 요한계시록 13:11-18에는 땅에서 두 뿔을 가진 짐승이 올라온다. 그런데, 용이 그 두 짐승을 이용하여 여자의 남은 자손들을 적극적으로 공격한다.

여기서, '용'은 사탄을 상징하는 것이고, "바다에서 나온 열 뿔 달린 짐승"은 적그리스도를 상징하는 것이고, "땅에서 올라온 두 뿔 가진 짐승"은 거짓 그리스도와 거짓 선지자를 상징하는 것이다.

적그리스도는 기독교를 박멸하려는 정치 지도자이며, 거짓 그리스도와 거짓 선지자는 기독교를 타락시키는 종교 지도자들을 의미한다.

하나님은 마지막 때에 모든 사람이 타락한 가운데서도 하나님 나라를 세울 자들을 남겨 놓는다. 사탄은 그들이 구원 역사에 생명력을 가진 자들이라는 사실을 알기 때문에 마지막으로 그들을 굴복시키기 위해 적그리스도와 거짓 선지자들을 앞세워 공격한다.

그렇지만 이른바 '남은 자'들은 결코 그들에게 굴복하거나 미혹당하지 않고 신앙을 지킨다. 남은 자들은 증거를 가지고 계명을 지키는 자들이다.

사탄이 그것을 알기 때문에 참 생명력을 가진 '여자의 남은 후손들', 곧 '남은 자'와 함께 마지막 일전을 벌이기 위해 바닷모래 위에 선 것이다. 여기서 "바닷모래 위"는 용이 여자의 남은 자손과 싸우는 장소라기보다 용이 여자의 남은 자손과 싸우기 위해 여자의 남은 자손을 공격하게 할 '짐승을 부르는 장소'라 할 수 있다.

'여자의 남은 자손', 곧 이른바 '남은 자손'은 어떤 성격을 가진 자들일까?

그들은 "하나님의 계명을 지키며 예수의 증거를 가진 자들"이다. 또한, '하나님의 계명을 지킨 자들'이다.

"예수의 증거를 가진 자"라는 말은 "예수님이 하나님의 아들 구원자로서 자기 백성을 구원하기 위해 십자가에 죽었다가 다시 살아나셨고, 승천하신 분이라는 것을 믿는 믿음을 굳게 지키는 자들이다"라는 것이다.

예수님이 구주인 것을 믿는 믿음을 가지고, 절대 그 믿음을 양보하지 않는 자들을 말하며, 예수님이 구주인 것을 증언하기를 두려워하거나 포기하지 않는 자들을 말한다.

어떤 상황에서도 예수님의 주되심을 부인하지 않는 자!
하나님의 계명을 철저하게 지키는 자!
어떤 환경에서도 그 계명을 양보하지 않는 자!

이들은 사탄이 이용하는 적그리스도의 박해와 거짓 선지자들의 유혹 속에서도 예수님을 부인하지 않고 하나님 계명을 지키는 자들이다. 종말에 이런 자들이 하나님께 쓰임 받게 된다.

> 내가 나의 두 증인에게 권세를 주리니 저희가 굵은 베옷을 입고 일천 이백 육십 일을 예언하리라(계 11:3).
>
> (And I will give power to my two witnesses, and they will prophesy for 1,260 days, clothed in sackcloth.")

두 증인이 마흔두 달 동안 예언하고 증인 사역을 위해 보냄을 받았다. 두 증인은 "두 감람나무와 두 촛대"이다. 그들은 하나님 나라에서 주님과 함께 영원히 왕 노릇을 하며 영광을 누릴 것이다.

참된 증인은 부활을 통해 예수 그리스도의 부활의 열매에 참여할 것이다. 그리고 하늘로 올라가 하나님의 보좌에 앉을 것이다.

> 성도들의 인내가 여기 있나니 저희는 하나님의 계명과 예수 믿음을 지키는 자니라(계 14:12).
>
> (This calls for patient endurance on the part of the saints who obey God's commandments and remain faithful to Jesus.)

또 내가 보좌들을 보니 거기 앉은 자들이 있어 심판하는 권세를 받았더라 또 내가 보니 예수의 증거와 하나님의 말씀을 인하여 목 베임을 받은 자의 영혼들과 또 짐승과 그의 우상에게 경배하지도 아니하고 이마와 손에 그의 표를 받지도 아니한 자들이 살아서 그리스도로 더불어 천년 동안 왕 노릇 하니 (계 20:4).

(I saw thrones on which were seated those who had been given authority to judge. And I saw the souls of those who had been beheaded because of their testimony for Jesus and because of the word of God. They had not worshiped the beast or his image and had not received his mark on their foreheads or their hands. They came to life and reigned with Christ a thousand years.)

신약의 복음 시대에도 남은 자가 있었다.

저에게 하신 대답이 무엇이뇨 내가 나를 위하여 바알에게 무릎을 꿇지 아니한 사람 칠천을 남겨 두었다 하셨으니 그런즉 이와 같이 이제도 은혜로 택하심을 따라 남은 자가 있느니라(롬 11:4-5).

(And what was God's answer to him? "I have reserved for myself seven thousand who have not bowed the knee to Baal." So too, at the present time there is a remnant chosen by grace.)

그 남은 자 7,000명은 교회 회복과 부흥을 위해 준비된 자들을 말한다. 그 목적 때문에 하나님이 환난 가운데서도 보호하고 계시고, 원하는 때에 영적 권세를 주어 사역을 감당하게 한다.

그들의 특징은 예수님의 증거를 가지고 하나님의 계명을 지키는 자들이다. 어떤 상황과 형편과 처지에서도 예수님을 믿는 믿음을 양보하지 않으며, 하나님의 말씀을 지키는 것을 양보하지 않는 자들이다.

우리는 모두 힘든 가운데 있지만 '남은 자'답게 살아야 한다. 그 신실한 신앙을 나타내는 것이 우리가 하나님께 쓰임 받을 목적 아래 있는 것을 증명하는 것이고, 하나님이 그 목적 때문에 우리를 어떠한 상황에서도 지키신다는 것을 증명한다.

하나님은 마지막 때에 모든 사람이 타락한 가운데서도 하나님 나라를 세울 자들을 남겨 놓는다.

사탄은 그들이 구원 역사에 생명력을 가진 자들이라는 것을 알고 있기 때문에 끝까지 그들을 굴복시키기 위해 적그리스도와 거짓 선지자들을 앞세워 공격할 것이다.

그렇지만 이른바 '남은 자'들은 순교와 박해의 위협 가운데서도 믿음을 지킬 것이고, 절대 그들에게 굴복하거나 미혹 당하지 않고 신앙을 지킬 것이다.

남은 자들은 증거를 가지고 계명을 지키는 자들이다. 이들은 '여자의 남은 자손', 곧 예수의 언약과 증거를 가진 자들로 하나님의 말씀과 계명을 끝까지 지키는 자들이다.

예수님이 구주인 것을 믿는 믿음을 가지고 절대 양보하지 않는 자들을 말하며, 예수님이 구주인 것을 증언하기를 두려워하거나 포기하지 않는 이들이 '남은 자'들이다. 그래서, 이들을 어떤 상황에서도 예수님의 주되심을 부인하지 않는다.

이들이 하나님의 계명을 철저하게 지킨다는 것은 어떤 상황에서도 하나님의 계명을 양보하지 않고 지킨다는 것이다. 사탄이 이용하는 적그리스도의 박해와 거짓 선지자들의 유혹 속에서도 남은 자들은 예수님을 부인하지 않고 하나님의 계명을 지키는 자들이다.

하나님은 자기 백성을 보호하시며 은혜의 날개로 품으신다. 또한, 교회가 광야 생활을 할 때도 성령으로 함께하시며, 교회를 위해 처소를 예비하시고 말씀의 만나로 양육하신다.

종말에 남은 자들이 하나님께 쓰임 받게 된다.

> 내가 나의 두 증인에게 권세를 주리니 저희가 굵은 베옷을 입고 일천 이백 육십 일을 예언하리라(계 11:3).
>
> (And I will give power to my two witnesses, and they will prophesy for 1,260 days, clothed in sackcloth.")

'두 증인'은, 42개월(3.5년) 동안 예언한다. 엘리야의 묵시는 메시아의 선구자 60인을 말한다.

즉, 전 세대에 걸쳐 그리스도의 복음을 증거하며, 믿음을 신실하게 지키며, 신앙을 위해 죽을 준비가 되어 있는 사람, 세상과 싸우는 교회와 남은 자를 의미한다. 하나님 나라에서는 이 '남은 자'가 주님과 함께 왕 노릇을 하며 영광을 누리는 것이다.

예수님을 증언함과 하나님의 말씀을 지키기 위해 목 베임을 당한 자들의 영혼으로 짐승과 우상을 경배하지 않아 이마와 손에 표를 받지 아니한 자들은 첫째 부활을 경험하게 되고, 그리스도와 함께 천 년 동안 다스리게 되는 '남은 자'이다. 다른 모든 죽은 자는 이 첫째 부활에서 제외되며 심판의 때에 부활하여 심판을 받고 영원한 지옥에 떨어진다.

남은 자는 "은혜의 선별에 의한 남은 자"가 된다. 그들은 교회의 회복과 부흥을 위해 준비된 자들이다. 그 목적 때문에 하나님이 환난 가운데서도 보호하고 원하시는 때에 영적 권세를 주어 사역을 감당하게 한다.

그들의 특징은 예수님의 증거를 가지고 하나님의 계명을 지킨다는 것이다. 어떤 상황과 형편과 처지에서도 예수님을 믿는 믿음을 양보하지 않으며, 하나님의 말씀을 지키는 것을 양보하지 않는다.

우리는 모두 힘든 가운데 있지만 '남은 자'답게 살아야 한다.

그 신실한 신앙을 나타내는 것이 우리가 하나님께 쓰임 받을 목적 아래 있는 것을 증명하는 것이고, 하나님이 그 목적 때문에 우리를 어떤 상황에서도 지키신다는 것을 증명하는 것이다.

우리는 "이제도 은혜로 택하심을 따라 남은 자"(롬 11:5)의 구원을 위해 남은 자의 신앙공동체인 주의 몸 된 교회, 즉 하나님 나라, 메시아 나라를 굳건하게 잘 세워 나가야 할 사명이 있다.

그리고 우리는 영화 된 영체로 면류관을 쓰고, 새 하늘과 새 땅에 들어가야 한다.

1) 144,000명

요한계시록 7:14을 보면, 하나님의 보좌 앞에서 구원을 받아 흰옷을 입은 무리들을 "큰 환난에서 나오는 자들"이라고 표현했다. 그리고, 요한계시록 7장과 14장에 보면, 구원받은 자의 숫자는 '144,000

명'이라고 했다.

히브리 사람들에게 숫자는 상징적인 의미가 있다. 예를 들어 '3'은 하나님의 숫자이고, '4'는 동서남북을 가리키는 땅의 숫자이며, '6'은 인간의 수이고, '7'은 3과 4를 합한 완전수이다. 그리고 '12'는 3과 4를 곱한 숫자로 완전수를 나타낸다. 그래서 이스라엘의 12지파, 예수님의 12제자, 오병이어에 나타난 열두 광주리이다.

오늘 본문에 나타난 '144,000'은 12,000을 12로 곱한 수에서 나온 것이다. 말하자면, 모든 세상의 환난을 이기고 끝까지 믿음으로 승리한 '남은 자'를 의미하는 것이다.

> 용이 여자에게 분노하여 돌아가서 그 여자의 남은 자손 곧 하나님의 계명을 지키며 예수의 증거를 가진 자들로 더불어 싸우려고 바다 모래 위에 섰더라(계 12:17).
>
> (Then the dragon was enraged at the woman and went off to make war against the rest of her offspring--those who obey God's commandments and hold to the testimony of Jesus.)

하나님의 교회를 공격하려는 사탄의 시도가 실패하자, 사탄은 다시 교회의 남은 자들과 싸우려 한다. 남은 자는 하나님의 계명을 지킨 자들이고, 예수의 증거를 가진 자들로 핍박 가운데 있는 자이다. 이들은 말씀을 지키기 위해 고난도 기쁨으로 이겨 나가는 참된 성도를 말한다.

그러나 사탄은 남은 자를 핍박하기 위해 그의 권력의 배경으로 삼은 '바닷가의 모래 위'에 섰다.

이는 남은 자를 향한 사탄의 핍박과 공격이 계속되고 있음을 의미하는 것이다. 또한, 교회 공동체에 속하여 순교를 각오한 남은 자가 있음을 의미한다.

2) 종말의 때에 남은 자

계시록 17장 14절에는 종말의 때에 구원받는 자, 즉 남은 자에 대한 놀라운 말씀이 기록되어 있다.

> 그들이 어린양과 더불어 싸우려니와 어린양은 만주의 주시오 만왕의 왕이시므로 그들을 이기실 터이요 또 그와 함께 있는 자들 곧 부르심을 받고 택하심을 받은 진실한 자들도 이기리로다(계 17:14).
> (They will make war against the Lamb, but the Lamb will overcome them because he is Lord of lords and King of kings--and with him will be his called, chosen and faithful followers.")

어린양 예수 그리스도와 싸우는 악한 무리 떼가 있다. 그들이 바로 짐승, 거짓 선지자, 짐승의 표를 받은 자, 큰 붉은 용, 큰 바벨론 음녀 등이다.

종말적으로 어린양 되신 예수 그리스도와 그와 함께 한 자들이 궁극적으로 승리하게 된다. 그들은 사탄과 로마의 엄청난 박해와 환란을 이긴 믿음의 사람이며, 어린양의 십자가 피로 옷을 씻어 희게 된 남은 자이다.

여기서 밝히는 어린양과 함께하는 자들이 누구인가?
그들이 바로 끝까지 믿음을 지키는 남은 자들이다.
그들은 어린양과 함께 있는 자들이고, 부르심을 받고 로마로부터 빼내심을 입은 거룩한 남은 자들이다.
여기서 보다 자세히 살펴보자.

첫째, 좁은 길로 부르심을 받은 자이다.
둘째, 빼내심을 받은 예정된 자이다.
셋째, 여호와 하나님만 진실하게 의지하는 자이다.
넷째, 성령(양심)의 세미한 소리를 듣는 자이다.
다섯째, 거룩한 그루터기이다.
여섯째, 숨겨 둔 사명자이다.

이들은 하나님의 계명을 지키고 예수의 증거, 곧 믿음이 있는 자들이다(계 12:17; 14:12). 어린양의 생명책에 그 이름이 기록된 자들이다(계 13:8). 짐승의 표 '666'을 받지 않은 자들이며(계 13:8; 14:13), 성부, 성자, 성령의 인을 받은 자들이다(계 14:1; 7:2; 엡 1:13; 4:30). 죽기까지 예수님에게 충성하는 자이다(계 2:10).
이들이 바로 남은 자들의 모습이요, 끝까지 믿음을 지키는 자들이다. 이 '남은 자'들은 결국 이렇게 고백할 것이다.

"**왔노라, 보았노라, 이겼노라**"(Ven, Vide, Vici).

이것을 너희에게 이르는 것은 너희로 내 안에서 평안을 누리게 하려 함이라 세상에서는 너희가 환난을 당하나 담대하라 내가 세상을 이기었노라(요 16:33).
("I have told you these things, so that in me you may have peace. In this world you will have trouble. But take heart! I have overcome the world.")

우리 주 예수 그리스도로 말미암아 우리에게 이김을 주시는 하나님께 감사하노니 (고전 15:57).
(But thanks be to God! He gives us the victory through our Lord Jesus Christ.)

시대적으로 남은 자는 있지만, 그 사상은 개인적으로도 적용된다.

하나님은 우리 개인이 계속된 범죄를 할 때 징계하는 가운데서도 멸하지 않으시고 다시 일어날 수 있는 기초를 언제나 남겨 놓으신다. 그것이 영적이든 물질적이든 다시 일어날 수 있는 조건은 반드시 남겨 놓으신다.

이는 '하나님이 우리에 대한 목적을 절대로 포기하지 않는다'라는 의미이며, '어떤 어려움을 당해도 회복하지 못할 어려움은 없다'라는 사실을 알게 해 주기도 한다.

제4장

교회사 시대의 남은 자

  예수 그리스도의 제자는 '남은 자들'이다. 그리고 그 시대의 진정한 성도들과 교회의 지체들이 바로 '남은 자들'이다.
  초기 박해 시대에 카타콤 고난의 역사 속에 살았던 초대 교회 성도들이 바로 '남은 자들'이다. 그들은 죽음에 이르기까지 신앙을 굳게 지켰으며, 이교도 황제의 혹독한 핍박에도 흔들리지 않았다.
  수 세기 동안 폴리갑, 이그네시우스같이 그리스도를 부인하느니 차라리 죽을 준비가 되어 있던 남은 자가 많이 있었다. 벌금, 투옥, 고문, 불, 칼 등은 그 고결한 남은 자의 정신을 무너뜨릴 수 없었다.

그러면 이 시대에 누가 하나님의 언약을 지키는 사람으로 남아 있는가?

  초대 교회 박해 시대에 카타콤의 고난, 갑바도기아(Cappadocia)의 동굴의 역사 속에 살았던 성도들이 바로 남은 자들이다.
  터키 갑바도기아 지역에 가면, 기독교인들이 박해와 핍박을 피해 지하 동굴로 들어가 거대한 '지하도시'를 만들어 살던 모습이 그대로 보존되어 있다.

그들은 오직 하나님과 신앙을 위해 자신들의 세상 모든 부귀영화를 포기했다. 기꺼이 순교의 삶을 살았고, 모든 것을 함께 나누는 진정하고 단순한 공동체의 삶을 살았다.

그러나 그들은 행복했고 염려와 근심이 없었고, 하나님 나라의 소망을 바라보며 기뻐하고 즐거워했다. 오히려 내면적인 부요함을 누렸다. 동굴의 마지막에 있는 성경공부를 위한 세미나실(Room)의 흔적을 보았다.

중세 가톨릭의 박해 중에도 영국의 위클리프(John Wycliffe, 1320-84), 보헤미아의 요한 후스(Johannes Huss, 1372-1415), 발데파[1], 종교개혁 시대의 루터(Martin Luther, 1483-1546), 라티머(Hugh Latimer, 1487-1555), 칼빈(Jean Calvin, 1509-1564), 츠빙글리(Ulrich Zwingli, 1484-1531)가 있다.

그리고 '교회사에서 가장 위대하다'라고 평가받는 '남은 자' 존 낙스(John Knox, 1514-72), 웨슬리(John Wesley, 1703-91), 횟필드(George Whitefield, 1714-70)는 높은 관직에 있는 고관들의 반대와 중상모략과

---

1) 발데스 복음주의 또는 왈도파 등으로도 불린다. 12세기 프랑스에서 발생했다. 재산가였던 발데스(Petrus Valdes, 1140 - 1218)는 하나님을 위해서 자신을 바치기로 하고, 1176년 재산을 모두 빈민들에게 나누어준다.
그 후 그리스도의 사도나 아시스의 성 프란체스코(St. Francis of Assisi, 1181-1226)처럼 청빈한 생활을 하면서 설교에 전념하였다. 설교에 감동한 많은 사람은 2명씩 조를 구성하여 프랑스 '리옹(Lyon)의 빈자'라고 이름을 짓고 각지를 돌아다니며 복음을 전했다.
발데스 복음주의 또는 왈도파 이름의 기원은 분명하지 않으나, 폴란드 지역에서 성경공부를 위해 비밀리에 집에서 회합하던 자들을 'Huis Genooten(집 친구들, House fellows)라고 불렀다'는 설이 가장 일반적이며 종교개혁 이후 프랑스 개혁파 교회를 지칭하는 말로 사용됐고, 개혁파 그룹으로 분류되는 이들은 1572년 개신교도들에 대한 <70,000명 대학살>이 벌어진 1572년 8월 24일 성 바르톨로메오 축일 학살(Massacre de la Saint-Barthélemy) 전날까지 프랑스 국민의 10%를 차지할 정도로 왕성했다.

조롱과 박해를 무릅쓰고 신앙을 지켰다. 이들은 믿음으로 살았고, 믿음으로 걸었고, 믿음으로 멈췄으며, 믿음으로 모든 것을 이겨낸 '남은 자들'이다.

근대로 들어오면, 언약도, 청교도, 독일 나치의 박해, 일제강점기의 순교자, 현재 북한의 지하 교회와 여러 선교지에서 이름도 없이, 빛도 없이 남은 자의 반열에서 '기도 사명, 전도 사명, 눈물 사명'을 감당하는 남은 자들과 선교사들도 있다.

또한, 오늘날 교회를 섬기는 신실한 참된 목회자들이 바로 이 시대의 언약도이며, 하나님이 사용하시는 남겨 놓은 자들이다.

1. 스코틀랜드의 남은 자

1) 존 낙스 (John Knox, 1514-1572)

스코틀랜드의 종교개혁과 장로교회의 발전은 존 낙스의 공이 가장 컸다. 그는 1592년 성앤드류대학(St. Andrew's College)에 입학하였고, 1536년에 신부로 서품받았다.

낙스는 조오지 위샤트(George Wishart, 1513-1546)의 개신교 사상을 접하고 큰 영향을 받아 개혁 신앙에 공감했고, 스코틀랜드 종교개혁의 지도자가 되었다.

그러나 프랑스 군대가 1547년 7월 30일 성 앤드류를 점령하면서 포로가 되었고, 19개월의 포로 생활 후에 1549년 4월 7일 영국에 도착했다.

1553년 피의 매리(bloody Mary Tudor) 여왕이 즉위하여 가톨릭으로 환원하고, 개신교도를 처형하자 낙스는 프랑크푸르트(Frankfurt)를 거쳐 제네바(Geneva)로 망명했다.

1559년 5월 2일에 스코틀랜드로 돌아와서 선지자 학개처럼 "하나님의 전을 세우자"라고 호소하며 외쳤다. 그리고 기도와 금식과 회개로 개혁의 노력을 계속했다. 낙스의 사명은 '나의 주인의 나팔을 부는 것'이라고 하며, 다음은 같은 편지를 친구에게 보냈다.[2]

> 지금 40일 이상 나의 하나님께서 그의 영광을 선포하기 위해 나의 조국에서 나의 입술을 사용하셨습니다. 내가 무슨 일을 당한다 할지라도 심지어 내가 내 손으로 나의 시체를 만지는 일이 있더라도 그의 거룩하신 이름은 찬양받아야 마땅합니다.
> 여기에서 귀족과 천민을 가리지 않고 일어나는 말씀의 기갈이 어쩌나 놀랍도록 거대한지, 그것은 나에게 그리스도 예수께서 지구의 북쪽 끝에 있는 이곳에서 승리를 거두시리라는 위안을 주십니다.

낙스는 1571년 8월에 에든버러(Edinburgh)로 돌아와 그가 평생을 설교한 성 자일스 강단에서 마지막이라고 생각하며 확신에 찬 설교로 사람들을 감동케 했다.

그리고 장로교회의 체제 확립을 공고히 했고, 세계 여러 나라에 장로교의 꽃을 활짝 피우게 했던 '남은 자'였다.

---

2) Jasper Ridley, *John Knox* (London: Oxford University, 1968), 327.

낙스는 1572년 11월 24일 개혁자로서 고난의 삶을 마감했다. 낙스의 개혁 정신이 한국 교회를 통해 더욱 확산되어야 할 책무가 있다.

2. 청교도의 남은 자

'청교도'란 영국의 제임스 1세 때 약 한 세기 동안 지속한 잉글랜드 영국국교회의 개혁을 주장하던 이들 가운데 아메리카 대륙으로 이주하여 '뉴잉글랜드로 나아가 미국을 건설했던 이들'을 총칭한다. 이들은 하나님의 뜻이 이 땅에서 이루어지도록 하겠다는 성경적 원칙을 지키는 삶을 살았다.

그래서, 금욕적인 삶, 영육의 온전한 헌신, 직업의 소명 의식, 근면과 성실, 정결과 절제, 애국심, 개척정신을 소유했다. 청교도 목사는 하나님의 말씀을 깊이 묵상한 후에 자기 양 떼에 대한 깊은 지식으로부터 성경이 감동한 친밀하고 자연스러운 어휘로 기도를 드렸다.

비열하고 무가치한 교회 회원들의 파문과 믿음, 도덕성, 구원의 은혜의 경험에 대한 심사 후에 교회 회원의 가입을 허용하는 극도의 조심을 포함하는 방법으로 성도가 '믿음의 순종을 통한 언약 공동체'로 만들어 유지하려는 높은 이상을 보존하기 위해 노력했다.

이들은 청교도의 순종과 신뢰의 믿음이 지배하는, 그리고 사랑과 소망이라는 미덕으로 살아가는 남은 자들이었다.

1) 존 번연 (John Bunyan, 1628-1688)

존 번연은 영국 베드포드 부근의 엘스토우(Elstow) 촌락에서 출생하여 가난하고 무학(無學)인 부모 밑에서 대장간의 일을 돌보며 자라났다. 또한, 어린 시절에는 의심과 공포로 큰 염려에 사로잡혔으며, 심한 욕쟁이였다.

자신이 항상 큰 죄인인 것을 깨닫고 죄의식에도 눌려 있었다. 그뿐만 아니라, 밤이면 가끔 무서운 꿈을 꿔 사탄과 무서운 괴물들에 시달리고 공포에 사로잡혀 소리를 지르며 깨어나곤 했다.

존 번연은 17세에 군대에 입대한 철저한 무신론자였다. 군 제대 후 고향에 돌아와 대장간 일을 계속했는데, 1647년에 독실한 그리스도인 처녀와 결혼하였고. 그녀의 기도로 예수님을 영접하게 되었다. 그러나 그의 아내는 4명의 자녀를 남긴 채 불행하게도 죽고 말았다.

존 번연은 베드포드교회의 담임목사인 존 기포드(John Giffod)의 중생과 놀라운 회심 체험에서 큰 영향을 받았다. 그리고 집사 안수를 받고, 말씀을 선포하기 시작했다. 그때 수많은 회중이 그의 설교를 듣고 구원을 받았다.

번연은 1659년 엘리자베스와 재혼을 했는데, 그녀는 4명의 자녀를 성실하게 양육하는 하나님께서 보내주신 아내였다.

1660년 왕정복고 때, 복음적인 설교를 법으로 금하고 있었는데 번연은 샴셀(Lower Samsel)의 농장에서 영국국교회를 반대하는 설교를 하다가 체포되었다. 이처럼 32세에 체포되어 44세가 될 때까지 12년 동안 감옥생활을 한 번연은 침례교인 청교도로서 신앙 때문에 핍박을 받은 비국교도주의 신봉자 중 한 사람이었다.

그는 '선한 설교자요, 목회자요, 하나님이 쓰는 남은 자'였다. 그가 설교할 때는 성령의 기름 부음이 있었고, 달변, 박력, 설득력이 강한 설교자였다.

그가 책을 쓴 것도 목회자로 불쌍한 사람을 돕고 싶었기 때문이었다. 이처럼 그는 관대한 사람, 대범한 사람, 사랑의 사람이었으며, 파당적인 사람을 싫어했다.

침례를 받았으나 세례 문제는 모든 성도의 자유에 맡겼으며. 개방적이었고. 진정한 성도는 성찬에 참여하도록 하였다. 또한, 진실로 거듭난 성도는 궁극적으로 같은 천국에 모이게 될 것이고, 같은 영광스러운 얼굴에서 비취는 빛을 받을 것을 가르쳤다.

번연은 믿음은 머릿속에서 관념적, 역사적으로 동의하는 것이 아니라, 삶의 원리요 힘의 원리로 보았다.

그래서 그의 저서 『거룩한 생활』(A Holy Life)에서 "성도의 삶은 의견이 아니라 거룩한 생활이고, 기독교의 아름다움"이라고 주장했다. 그의 <예수 그리스도께로 와서 그를 영접하라>(Come and Welcome to Jesus Christ, 요 6:37)의 메시지는 구원받기 위해 그리스도께로 오는 자는 주님이 절대 내쫓지 않는다는 사실을 선택 교리와 함께 묶어 다루었다.

베드포드 감옥에 있는 동안 그는 세계적으로 유명한 『천로역정』(The Pilgrim's Progress)을 저술했다. 『천로역정』은 성경 다음으로 인기 있는 불후의 명작으로 세계 어느 나라에서도 인기 도서이며, 명작으로 인정받는다.

1678년 1월에 첫 출간된 이래 300개 이상의 언어로 번역되었고, 중국 정부가 서구 문화를 대표하는 책의 견본으로 『천로역정』을 20

만 부를 발간했는데, 3일 만에 동이 모두 팔린 적도 있다.
『천로역정』은 한 사람의 청교도, 즉 '크리스천'이라는 의로운 순례자에 관한 이야기를 꿈의 형태로 빌린 우화이다.

> '크리스천'은 멸망의 도시를 떠나 좁은 문을 통과하고, 낙심의 수렁을 거쳐 허영의 시장 거리를 통과한다. 그리고 어려움의 언덕을 넘어, 죽음의 강을 건너는 등 험한 길을 지나 마침내 하늘나라에 들어간다. '크리스천'이 소망과 함께 세상을 벗어나 천국 가까이에 이르자 빛나는 두 천사가 와서 영접해 주는데, 그 천사들은 "천성의 아름다움과 영광을 어떻게 말로 표현할 수 있느냐"라고 말함으로써, 인간의 언어는 천성의 아름다움을 표현하는 충분한 도구가 되지 못한다는 것을 말해 준다.
> 『천로역정』의 주인공 '크리스천'은 천성이 하나님의 낙원인 것을 알게 되고, 그곳에서는 영원히 시들지 않는 생명나무의 열매도 먹게 된다. 또한, 하얀 옷을 입고 날마다 왕이신 하나님과 함께 산책도 한다. 천성에서는 지난 옛 것은 모두 지나갔기에 슬픔과 고통과 질병과 죽음 등은 다시 찾아볼 수 없으며(계 21:4)[3], 아브라함, 이삭, 야곱 그리고 예언자들도 만나보게 된다.
> '크리스천' 천성에서는 심는 대로 거둔다. 그동안 세상에서 기도, 눈물, 핍박 그리고 고초에 대한 삶에 위로도 받는다. 그리고 슬픔 대신 기쁨도 얻는다.

---

3) 요한계시록 21:4 모든 눈물을 그 눈에서 씻기시매 다시 사망이 없고 애통하는 것이나 곡하는 것이나 아픈 것이 다시 있지 아니하리니 처음 것들이 다 지나갔음이러라

번연은 옥중에서 48권의 또 다른 저서를 남겼다. 그중 『거룩한 성』 (*The Holy City*), 『기도』(*Prayer*) 등이 유명하다.

존 번연이 그의 원고 『천로역정』을 존 오웬(John Owen, 1616-1683)에게 보냈을 때, 오웬은 그것을 읽고 "내가 배운 모든 학문을 저 '대장간의 힘'(tinker's power)과 바꾸고 싶다"라고 했다.

하나님께서는 존 번연을 통해서 하나님의 실존을 느끼도록 하였다. 왜냐하면, 번연의 설교와 저술로 그리스도인의 성화 과정을 분명히 성도들에게 가르쳤기 때문이다.

번연은 인간이 죄로부터 해방되어 하나님의 백성으로서 성결한 생활을 하도록 설교했다.

청교도 시대에만 성결한 그리스도인의 생활이 요구되는 것은 아니다. 모든 시대에 진실한 그리스도인들에게, 모든 그리스도인의 심장에 가장 기본적인 하나님의 영적 힘이 필요한 것이다. 존 번연은 바로 그 사명을 감당했던 남은 자였다.

번연의 첫 번째 책은 그의 영적 자서전으로 『죄인의 괴수에게 내린 넘치는 은혜』(*Grace Abounding to the Chief of Sinners*)였는데, 이를 저술한 것은 27세 때였다. 특히, 이 책의 서문에 버튼(Burton)은 이렇게 썼다.

> 그리스도께서 독자들에게 추천할 만큼 위대하지도 못하고, 이 세상의 지혜도 가지지 못한 사람을 빌어서 복음의 영광스러운 교훈들을 보잘 것없는 질그릇에 담아 독자들에게 설교한다고 해서 불쾌하다고 생각하지 마십시오.

> 이 사람은 지상의 대학교에서 뽑힌 사람이 아니고 하늘의 대학교, 곧 그리스도의 교회에 뽑힌 사람입니다.
> 또한, 이 사람은 사람의 학문이나 지혜는 가지지 못했지만, 은혜로 말미암아 다음과 같이 하늘의 학위 셋을 취득했습니다.
> 즉, 그리스도와의 연합, 성령의 기름 부으심, 그리고 사탄의 시험을 이긴 체험입니다.
> 이것이야말로 복음을 전파하는 그 막중한 일을 감당하는 사람으로 하여금 대학의 학문과 학위 전부를 모은 것보다도 더 자격이 있게 만들어 주는 것입니다.

번역의 입상(立像)에 쓰여 있는 비명은 이렇다.

> 매우 근엄한 사람의 눈은 하늘을 우러렀고,
> 손에는 최선의 책을,
> 진리의 법이 그의 입술에 쓰였으며,
> 세계는 그의 등 뒤에 있었다.
> 황금 왕관을 머리 위에 걸친 채,
> 그는 마치 사람들과 더불어 변론하는 듯 서 있다.

2) 조나단 에드워즈 (Jonathan Edwards, 1703-1758)

조나단 에드워즈는 미국 코네티컷(Connecticut)의 윈서농장(Windsor farms)에서 출생했다. 그는 키가 크고, 수줍고, 상냥한 사람이었으며, 강한 정신과 겸손한 심령의 소유자였다.

그의 아버지는 회중 교회의 목사로서 60년 동안을 목회했고, 조부와 외조부 솔로몬 스타다드(Solomon Stoddard, 1643-1729) 역시 목사였다.

그는 6세 때 아버지와 4명의 누이 밑에서 라틴어를 배웠는데, 13세 때 예일대학(Yale College)에 들어갈 때는 라틴어 뿐만 아니라 헬라어, 히브리어까지 알았다. 에드워즈는 17세 때 우수한 성적으로 대학을 졸업하고 회심도 했다.

2년 후에 뉴욕에 있는 장로교회의 목사가 되었다. 그의 설교는 힘이 있었고, 역동적이었고, 깊은 생각과 강한 느낌을 주는 메시지였다. 목회를 하는 동안 종종 허드슨 강(Hudson River)의 강가 한적한 곳에 나아가 하나님 나라를 사모하며 '그의 나라가 속히 임하기를 위해서' 기도했다.

그에게 있어 가장 큰 기쁨은 '기도하는 것과 성경 읽는 것'이었다. 기도를 통해 하나님의 임재를 자주 느꼈고, 성경 한 구절에서도 묵상을 통해 은혜를 받았다.

에드워즈는 9개월간의 목회 사역을 마치고, 1723년 예일대학의 교수가 되었는데, 대학으로 돌아온 그는 청교도 정통보수신학을 세우는데 전력을 기울여 강의함으로 학생들 사이에서 젊지만, 실력 있는 교수로 존경을 받았다.

'대각성부흥운동'(The Great Awakening)이 시작되는 1734년, 에드워즈의 철저하고 강한 칼빈주의적 설교, 곧 "오직 믿음으로만 의롭다 하심을 얻는다"(Justification by Faith Alone)는 외침은 많은 사람을 회개하게 만들었고, 회중들은 그의 영적인 힘(spiritual power)에 감동했다. 그는 인위적인 수단이나 기술을 사용하지 않았고, 전적으로 하나님만 의지했으므로 "'대각성부흥운동'을 하나님의 놀라운 사역이다"라고 하였다.

에드워즈와 휫필드가 서로 협력함으로 미국 전역에 대각성운동이 확산했다. 수많은 사람이 회심을 체험했고, 그에 따른 전도의 성과도 대단했는데, 뉴잉글랜드에서 조지아까지 13개 식민지 전체에 부흥의 불길이 일어났다.

대각성운동은 미국인들의 정치의식에도 심대한 영향을 미쳤다. 미국인으로서의 일체감과 인종주의를 극복했고, '미국 국민은 하나'라는 의식을 심어 주었다. 미국의 독립전쟁(1775-1783)은 대각성운동과의 관련에서만 완전히 이해할 수 있다.

에드워즈는 신앙과 사랑을 동일시하여 기독교 신학에 커다란 신비적 요소가 있음을 가르쳐 주었다. 그는 원리의 답습에 그친 칼빈주의자가 아니었다. 그의 깊은 영적 체험적 경건은 "칼빈주의적 논리"로 하여금 신비의 내실을 통과하게 하였다.

에드워즈는 『개인적 이야기』(Personal Narrative)에서 하나님을 만나는 것에 대해서 이같이 말하고 있다.

> 나는 건강을 위해 말을 타고 숲속으로 갔습니다. 내가 늘 하던 대로 한 적한 곳에 내려서 하나님을 묵상하고 기도하며 걸었습니다.
> 그때 나는 중보자이신 하나님의 아들의 영광과 그의 놀랍고 위대하고 충만하고 순결하고 달콤한 은혜, 그리고 사랑과 온유와 자비하신 겸손의 특이함을 보았습니다.
> 그리스도께서 모든 사상과 사고를 사로잡을 만큼 충분히 위대한 탁월함으로 형언할 수 없이 탁월하게 나타나셔서, 내 생각으로는 약 한 시

> 간 동안 계속 계셨습니다.
> 그동안 나는 대부분 시간을 통곡하고 눈물을 쏟으며 보냈습니다. 나의 영혼은 달리 뭐라고 표현할 수 없는 열정에 사로잡혀 비워지고 죽어서 먼지 속에 누워 오직 그리스도로 충만해졌습니다.
> 그리하여 거룩하고 순결한 사랑으로 그를 사랑하고, 의지하고 살며, 거룩하게 되어 하늘의 신성한 순결로 순결해지고 싶었습니다.

에드워즈의 청교도 신학은 죽은 정통주의 신학과는 거리가 먼 외침이었다. 에드워즈는 후기 청교도 신학자와 설교자로 제1급에 속했다. 그는 성경에 대한 헌신에 있어서 진정한 청교도였다. 그는 평생 성경을 연구하고 적용하는 데 대담하고 지침이 없이 수고하였다.

또한, 그는 교리적 확신과 신학에 있어 청교도 전통의 참된 후계자임을 입증하는 진정한 청교도였다. 그리고 그리스도인의 경건과 본질에 대한 겸손한 의존과 감사의 순종으로 창조주께 영광을 돌리는 진정한 청교도였다.

특히, 그는 개혁주의적 신념을 가졌고, 기독교인의 도덕성을 강조하는 데 굽힐 줄 모르는 사람이었다.

그의 유명한 설교, <노한 하나님 안에 있는 죄인들>은 그의 설교를 대표한다. 그러면서도 그는 하나님의 진노에 대한 말씀보다 하나님의 사랑에 대해 더 많이 설교했다.

뉴잉글랜드 청교도들의 가장 놀라운 현상 중의 하나는 부인을 극진히 사랑했다는 것이다. 에드워즈도 1727년에 결혼한 부인 사라에 대해 이렇게 기록했다.

> 하나님은 아내에게 다가오셔서 그녀의 마음에 넘치고도 달콤한 기쁨으로 가득 채우셨다.
> 아내는 하나님에 대하여 명상하는 것 외에 할 수 있는 것이 거의 없다.
> 아내는 참으로 달콤하고, 조용한 여자이며, 누구에게나 자신의 마음을 가진 자비스러운 여자이다.
> 하나님께서 그녀의 마음에 계시가 된 후에는 더욱더 그러하다.

에드워즈 부부는 결혼생활을 동반자 관계로 유지하고 서로 보완했다. 그들은 서로 협력하며 목회를 함께 나누었다. 그들은 함께 봉사하는 동안에 있었던 어려움을 함께 나누었다. 그들은 아주 가깝고 유연한 관계를 맺었다. 이러한 관계 때문에 여러 가지 고난을 잘 견뎌낼 수 있었다.

에드워즈는 외할아버지 솔로몬 스타다드가 목회하던 매사추세츠에 있는 노스앰턴교회의 초청을 받고 2년 가까이 봉사하던 교수직을 사임했고, 노스턴으로 이사했다. 그는 1729년부터 교회를 담임하여, 1750년 인디언 선교를 위해 떠날 때까지 22년간 교회를 돌보는 일에 전념하였다.

그는 1751년 8월부터 스톡브리지(Stockbridge)에 있는 작은 회중 교회를 섬기면서 인디언 선교에 힘썼다. 인디언들이 백인들로부터 학대를 받고 있는 실상을 확인한 후, 백인들의 인디언 착취를 강력히 비판하고 그들의 복지와 복음화를 위해 헌신하였다.

그는 1757년에 프린스턴대학의 학장으로 임명되어, 1758년부터 활동했다. 이를 위해 천연두 예방 접종을 받았는데, 그 예방 접종이 열병을 일으켜 총장 취임 5주 만에 사망하고 말았다. 너무도 아쉬운 죽음이었다.

그는 영혼을 다하여 교회를 사랑했고, 몸을 바쳐서 학교와 사회를 위해 일했다.

그러나 그가 남긴 저서들은 존 칼빈의 저서들에 버금가는 작품이며, 미국의 청교도 신앙을 꽃피웠던 '남은 자'였다.

3) 찰스 스펄전 (Charles Haddon Spurgeon, 1834-1892)

찰스 스펄전은 마지막 '청교도 황태자'이며, '설교의 대왕' 이다.

그는 에섹스의 지방 도시인 캘버던(Kelvedon)에서 태어났다.

유년기 교육은 조합 교회 목사인 할아버지 제임스 스펄전(James Spurgeon)에게 맡겨졌는데, 할아버지는 런던의 혹스튼대학 출신으로 청교도 신앙으로 무장한 실력이 있는 목사였다. 그는 스탬본(stambourne) 교구의 성도들로부터 사랑과 존경을 받았다. 아버지 존 스펄전(John Spurgeon)은 톨즈베리 회중 교회 목사였고, 공산업자 사무실에서 점원으로도 일했다.

스펄전은 할머니 사라와 고모인 앤으로부터 영적 성장에 많은 영향을 받았다. 7세부터 13세까지 콜체스터에서 초등교육을 받았으며, 라틴어 기하학, 고전수학 등을 열심히 공부했다. 14세 때에 성 어거스틴농업학교로 전학을 갔으며, 뛰어난 기억력과 상상력을 키우며 공정하고 정직한 소년으로 성장했다.

1984년에는 뉴마켓 마을의 침례교도가 운영하는 학교에 입학했을 때 그는 상식적으로, 이론적으로 알고 있던 구원을 개인적으로 체험하게 되었다.

어느 주일 날, 눈보라가 쳐서 길이 막혀 목사가 오지 못한 것이다. 그때 구두 수선공이나 재단사 같은 한 남자가 설교단에서 이사야 45:22에 근거하여 "예수를 바라보라"라고 외쳤다. 이 설교를 통해 구원의 확신과 회심의 체험을 경험했다. 영적으로 거듭난 것이다.

그는 1850년 5월 3일 침례를 받았고, 케임브리지의 성 앤드루스 침례교회에 출석하여 평신도 순회 설교자가 되었다.

17세 때인 1851년 10월 어느 주일 워터비치(waterbeach)침례교회의 담임목사로 청빙을 받았다.

처음 그곳에서 목회를 시작했을 때는 40여 명이 모였으나, 곧 400명 이상으로 부흥했다. 그의 설교를 듣고 폭력, 난동, 술주정 같은 것들은 이 마을에서 완전히 사라져 버렸다.

그가 19세 때인 1853년 12월 18일, 런던의 뉴파크스트리트침례교회에서 설교하게 되었다. 그는 자연스럽게 "빛 되신 하나님 아버지와 그 아들 예수 그리스도"에 대하여 설교하였다.

청중들은 흥분했고, 예배가 마쳤음에도 돌아가지 않고 기쁨에 넘쳐 있었다. 이들은 밤 예배 때에 이 놀라운 청년의 설교를 들어보라고 많은 사람을 초청했다. 밤 예배 후에도 성도들은 그의 설교에 압도당해 자기 교회 설교자로 남아 달라고 간청했다.

그러나 스펄전은 "나는 대학 교육을 받지 못했다"라고 말하며, 이 교회에서 설교할 사람이 아님을 강조했다. 그럼에도 불구하고, 그들은 "당신이 대학을 나왔다면 그렇게 많은 흥미와 열성을 가지고 있지 않았을 것입니다"라면서 스펄전을 붙들었다.

2주간을 이 교회에서 더 보내고 워터비치로 돌아온 스펄전은 "이제 정식 담임 목사로 청빙을 하겠다"라는 뉴파크스트리트 집사들의 청원을 받게 되었다.

이리하여 1854년 2월 19세의 젊은 시골 목사가 런던의 강단에 서게 되었다. 그는 이곳에서 사역하기 시작하면서부터 그에게 붙여 준 '목사'(Reverend)라는 칭호를 거절하고, '목자'(Pastor)로 불러주도록 부탁하였으나 교회는 1865년에야 그의 청을 들어주었다.

스펄전의 설교는 그의 신학의 핵심이다. 그는 설교를 모든 사역 중에서 가장 중요한 과제로 삼았다. 그가 목회자 후보생들에게 준 강의에서도 설교에 관한 강좌가 대부분을 차지하며, 그 내용은 중요하다.

첫째, 설교는 하나님의 말씀을 선포하는 것이다.
둘째, 하나님의 말씀을 설교하는 자는 자나 깨나 기도로 준비해야 한다.
셋째, 설교는 가르치는 내용이 있어야 하며, 그 내용은 건전하고 본질적이어야 할 뿐 아니라 풍성한 교리가 있어야 한다.
넷째, 설교의 본문 선택을 신중히 해야 한다.
다섯째, 설교자는 하나님만 의지하여 담대히 말씀을 선포해야 한다.
여섯째, 설교자는 음성을 잘 관리해야 한다. 부드럽고 자연스럽고 맑은 목소리를 내는 것이 중요하다.
일곱째, 설교 전달에 있어서 자세와 태도, 그리고 몸짓에 신경을 써야 한다.
여덟째, 설교에 예화를 사용하는 기술을 터득해야 한다.
아홉째, 설교는 본문을 떠나서는 안 된다.

윌리암 니콜(William Robertson Nicholl, 1768-1851)은 "모든 젊은 목회자들은 스펄전 설교의 보고에 그들의 영혼을 푹 적셔야 하며, 구령의 비밀과 인생을 건축하는 비밀들을 배워야 한다"라고 했다.

스펄전은 사도 바울 이후 기독교인 가운데 세계에서 가장 유능한 설교가였다. 그의 '감각적인 호소'(Sense Appeal)는 귀한 복음의 내용을 오감(五感)으로 느끼게 하고, 제시하기 위한 보자기였다.

스펄전은 설교의 클라이맥스(Climax, 절정)에 가서 시각에 호소하는 한 위대한 언어 그림(Word Picture)을 그렸다.

> 갈보리 십자가, 예수님의 피 흘리는 손에서 자비가 떨어집니다.
> 겟세마네 동산, 구세주의 피 흘리는 자국에 용서가 맺힙니다.
> 부르짖음이 들립니다.
> "나를 앙망하라. 그리하면 구원을 얻으리라."
> 그곳을 보십시오.
> 당신을 위해 못 박힌 두 손, 당신을 위해 피를 뿜어낸 두 발, 그 품이 당신을 향해 열려 있습니다.
> 만일 그대가 어떻게 자비를 구애야 할지 모른다면,
> 자! 여기 있습니다.
> "십자가상의 그리스도를 보십시오!"

스펄전은 19세기 사람이었지만 이미 십자가를 가르치는 복음의 진수를 깨닫고 있었다. 그는 삼위일체 하나님의 통치적, 주권적 영역을 영접했을 뿐 아니라, 그 시대가 안고 있는 소외당한 사람들(수평적 영역)에 대한 사랑의 배려를 잊지 않았다.

그가 수행한 수직적 영역은 설교를 통한 직접적 말씀 선포와 목회 사역, 곳곳에 돌아다니면서 성경과 신앙 서적을 배부하는 컬포처스협회(The Colporteurs Association)의 감독 및 운영, 신앙 월간지 「검과 삽」(The Sword and the Trowel)의 발행, 그리고 그가 정열적으로 집필해 내놓은 설교집 등을 말할 수 있겠다.

스펄전이 관심을 가진 수평적 영역은 사회에서 냉대 받고 있는 고아들과 노인들이었다.

그는 런던에서 10,000여 명의 아이들이 빈곤으로 거리를 배회하고, 감옥에 가거나 어린 나이로 죽는 것을 알게 되었다. 집 없는 고아들이 시장의 쓰레기 더미에 모여들어 버려진 자두, 오렌지, 사과 등 더위로 부패된 덩어리를 오리와 돼지같이 게걸스럽게 먹고 있다는 정보도 입수했다.

그래서, 1866년 여름 스펄전은 한 저녁 기도 모임에서 이렇게 말했다.

> 사랑하는 친구 여러분!
> 우리는 커다란 교회입니다.
> 따라서 이 거대한 도시에서 주님을 위한 보다 많은 일을 해야만 합니다.
> 나는 오늘 밤, 우리가 주님께 새로운 일을 보내 달라고 간구하기를 원합니다.
> 그리고 만약 그 일을 하기 위해 돈이 필요하다면 그 돈을 마련하기 위한 방도를 주님께서 보내 주시기를 간구합니다.

스펄전의 기도는 응답되었다.

며칠 후 그는 성직자 미망인인 힐야드 부인으로부터 "20,000파운드의 거금을 기부하겠다"는 편지를 받았다. 스펄전 그 기금으로 고아원을 운영하기로 계획하고, 교회에서 그리 멀지 않은 지역에 땅을 샀다. 이에 힐야드 부인 외에도 많은 사람이 스펄전의 계획에 감동하고 헌금해 주었다.

곧 일련의 건물들이 지어졌다. 각 집에는 14명의 소년이 수용되었고, 아이들의 어머니 격인 보모가 한 명씩 집을 보살폈다. 그리고 예절과 일반 교육, 기독교 교육 등을 개인적인 친밀함과 즐거움으로 가르치도록 했다. 건물 중에는 체육관, 큰 식당, 진료소, 그리고 수영장도 있었다. 그 시대에 수영장 시설이 고아원에 설치되었다는 것은 정말 놀라운 일이다.

스펄전은 침례교도였지만 실천 목회에서는 칼빈주의의 근본 원칙과 청교도 정신의 진수를 그와 공유한 인물들에게 항상 마음을 열고 동역했다. 고아원에 소년들을 수용한 지 10년 후 소녀들을 위한 비슷한 건물이 세워졌다.

아들은 교파에 관계없이 받아들여졌다. 백인은 물론 흑인도 있었고, 심지어 유대인도 있었다.

스펄전은 고아뿐만 아니라 노인들에게도 정성 어린 배려를 했다. 그가 런던에 왔을 때, 그의 전임자인 리폰(John Rippon) 목사의 사역을 알게 되었다. 리폰 목사는 가난한 미망인들을 위해 사립 양로원인 암즈하우스(Almshouse)를 세워 매주 약간의 돈을 그들에게 지급했었다.

스펄전은 이 양로원 사역을 기쁘게 인계받았고, 메트로폴리탄교회가 세워지자 교회 근교에 새로운 양로원을 신축하였다. 새 건물은 17

개의 작은 집으로 이루어졌고, 이 집에 살게 된 할머니들에게 음식과 옷, 그리고 다른 생필품들을 공급하였다.

스펄전은 여러 면에서 최후의 청교도 '남은 자'였다.

이 말은 그가 청교도 정신의 최후의 인물이라는 말이 아니다. 스펄전과 같이 칼빈주의 청교도 정신을 계승한 사람이 도처에 있을 수 있으므로 문자적 의미의 '최후의 청교도'라는 별칭을 그에게 붙여 줄 수는 없는 것이다.

그러나 스펄전을 '청교도 창시자'인 존 낙스와 비교해 보면, 이 별칭은 타당성을 갖는다. 우리는 낙스가 진리를 지키는 데 억척스러울 정도로 비타협적이었고, 복음 때문에 잔혹하리만큼 냉정하고, 까다로운 사람인 것을 안다.

스펄전도 낙스의 복음주의 신앙과 정신을 계승했다. 낙스의 정신을 따라 진리 싸움에 과감히 뛰어들었으며, 진보주의자들과 야합하지 않고 그들의 모임에서 탈퇴했다. 이처럼 낙스의 전투 정신으로 살았기에 '최후의 청교도'라는 별명을 받을 자격이 있다.

스펄전은 근면한 성경 연구, 야심과 욕심이 없는 공생애, 소외당한 자들에 대한 연민, 그리고 무엇보다 죽어 있는 영혼들을 소생시키기 위해 열정적으로 선포하는 칼빈주의적 교리 설교는 그의 시대뿐만 아니라 오늘날, 그리고 미래의 사람들에게까지 큰 영향을 끼칠 것이다.

그는 "모든 사람이 구원을 받을 수 있다"고 설교하면서도, 실제로는 아무도 구원하지 못한다는 보편적 구원론을 공격하였다. 스펄전은 '제한적 구원'을 가장 복음적으로 강력하게 설교했다.

그의 성경적인 가르침은 오늘날의 교회에 안정을 제공할 수 있다. 그것은 하나님의 사랑의 다양한 측면들을 수용하면서 하나님의 주권과 인간의 책임에 균형을 유지하도록 하기 때문이다.

이처럼 여러가지 면으로 볼 때, 그는 참으로 그리스도의 종이며, '남은 자'였다.

3. 한국 교회의 남은 자

일제강점기 신사참배 거부 운동은 주기철(1897-1944), 한상동(1901-1976), 주남선(1888-1951), 손양원(1902-1950), 최봉석(최권능, 1869-1944), 박관준(1875-1945) 등이 앞장섰다가 고초를 당했다. 이들은 신사참배와 천조대신 경배는 하나님을 사랑하지 않는 '영적 간음'이라고 했다.

6.23 전쟁으로 순교자가 조만식 장로(1883-1950) 등 1,000여 명이며, 현재 북한의 지하 교회 및 선교지에 이름도 없이, 빛도 없이 남은 자의 반열에 서서 '기도 사명', '전도 사명', '눈물의 선교 사명'을 감당하는 이들도 있다.

이들이 바로 한국 교회에 복음을 심었으며, 이 시대에 하나님이 사용하는 '남은 자들'이다.

1) 주기철

주기철 목사는 30세에 평양신학교를 졸업하고, 부산 초량교회, 마산 문창교회에서 목회를 하다가 1936년 8월 평양 산정현교회에 부임했다.

일본 경찰이 산정현교회 교우들에게 "여러분이 신사참배를 반대한다면 주기철 목사는 이 못판 위를 걸어야 할 것이다"라고 했다.

그 때, 주기철 목사는 이렇게 말했다.

> **성도 여러분!**
> **나 주기철을 생각하지 마십시오.**
> **오직 십자가를 보고 주께 다짐한 것을 굳게 지키세요.**

그러면서 못이 박힌 널빤지 위를 걷기 시작했다.

그때 주기철 목사는 찬송가 <서쪽 하늘 붉은 노을 영문 밖에 비치누나>를 불렀는데, 가사는 다음과 같다.

> **서쪽 하늘 붉은 노을 영문 박에 비치누나**
> **연약하온 두 어깨에 십자가를 생각하니**
> **머리에는 가시관 몸에는 붉은 옷**
> **힘없이 걸어가신 영문 밖의 길이라네.**

주기철 목사의 산정현교회는 '신사참배반대운동'의 본거지가 되었다. 이에 따라 주기철 목사는 1938년 2월 1차 투옥부터 1939년 9월 3차 투옥까지 영적 비용의 옥고를 치렀다.

그리고 7개월 만에 석방되어 평양에 도착한 날이 1940년 2월 5일 첫 주일이었는데, 산정현교회의 교우들과 다른 교회 교우들 약 2,000명이 주기철 목사를 기다렸다.

주기철 목사는 감옥에서 입고 나온 죄수옷 그대로 교회로 가서 바로 강단에 무릎을 꿇고 기도한 후 다 함께 찬송을 불렀다.

**내 주는 강한 성이요 방패와 병기되시니
큰 환난에서 우리를 구하여 내시리로다**

주기철 목사는 다시 1940년 9월 5차 투옥되어 극심한 고문을 받고, 1944년 4월 21일 47세의 나이로 순교했다. 이때 그의 마지막 유언은 다음과 같다.

**나의 죽음이 한 알의 썩은 밀알이 되어
조선 교회를 구해 주기를 바랄 뿐이오.**

온 성도들이 눈물바다를 이룬 가운데 천성을 향해 떠난 주기철 목사는 한국 교회에 복음의 씨를 뿌린 '남은 자'였다.

2) 문준경

문준경(여, 1891-1950) 전도사는 전남 신안군 중동리교회에서 11개의 교회를 세우며 복음 전도에 힘썼다. 공산당원이 죽창으로 찔러 죽이려고 할 때, 그들은 그녀에게 다음과 같은 말을 들었다.

이 반동 간나!
나, 문준경은 새끼 많이 깐 씨암탉이다.

이것은 문준경 전도사가 진리교회, 대초리교회 등 여러 교회를 세우고, 이웃 사람을 전도해서 하나님의 많이 자녀를 낳았기 때문이다. 문준경 전도사는 순교할 때 이렇게 기도했다.

주여!
저들을 용서하소서.
이 계집종의 영혼을 받으소서.

문준경 전도사를 통해 세워진 임자도 진리교회에서는 이관일 장로와 그의 동생 이판성 집사의 가족 13명을 한 구덩이에 생매장한 것을 비롯해 그 교회에서만 총 48명의 성도가 몽둥이에 맞고 손발이 묶여 모래사장에 생매장당했다.
이들 모두는 하나님의 말씀에 순종하고 순교한 '남은 자'였다.

3) 이승만

우리나라의 초대 대통령 이승만(1875-1965)은 한성 감옥에서 선교사들의 전도, 도움, 사랑, 그리고 하나님의 은혜로 역경을 견디고, 이겨냈다. 그리고 선교사가 미국 자본주의의 앞잡이로 오해했는데, 하나님의 사람이라는 것을 깨달았다.

이승만은 감옥 안에서 성경을 정독했다. 어느 날 빛이 가득하게 비치는 신비한 체험을 한 후 성령 충만을 받게 되었다.

그는 평생 처음으로 감옥에서 기도를 드렸다.

오, 하나님!
나의 영혼을 구원해 주옵소서!
우리나라를 구원해 주옵소서!

이승만은 기독교만이 우리 민족을 살릴 수 있고, 우리 민족은 아시아 국가에 복음을 전하는 민족이 될 수 있을 것이라고 말했다.

1904년 2월 9일, 그는 『독립정신』을 집필하면서 이같이 썼다.

> 기독교를 통해 한국을 개화시키고, 개화된 한국인을 통해 독립을 이루겠다.
> 기독교를 근본으로 삼지 않고는 온 세계와 접촉할지라도 참된 이익을 얻지 못할 것이다.
> 그러므로 우리가 기독교를 모든 일의 근원으로 삼아 자기 자신보다 다른 사람을 위해 일하는 자가 되어 한마음으로 받들어 우리나라

> 를 영국과 미국처럼 동등한 수준에 이를 수 있도록 최선을 다해야 할 것이다.
> **그리고 천국에 가서 다 같이 만나자!**

이승만에게 기독교 문명은 한국이 구원을 얻기 위해 지향해야 할 목표였다. 기독교 복음의 역할과 가치를 국가 구원으로 연결한 것이다. 그것은 회심 과정에서 나타난 그의 신앙고백이다.

이승만은 게일(Gale, James Scarth, 1863-1937)과 언더우드(Horace Grant Underwood, 1859-1916)가 써준 추천서를 가지고, 1904년 11월에 미국 유학을 떠났다. 선교사들의 추천서는 옥중에서 거둔 전도의 성과와 장차 한국 복음화의 주도적 역할을 담당할 인물임과 동시에 남은 자로 생각했기 때문에 가능했다.

1948년 5월 10일 자유 총선거를 통해 한민족 최초의 국회가 국회의사당에서 열렸다. 선출된 190명의 제헌국회의원들 가운데 기독교인은 38명으로 집계되었다.

임시의장으로 선출된 이승만은 단상에서 "의회를 열게 된 것도 하나님께 감사하다"라고 언급했다. 그리고 감리교 목사 이윤영 의원에게 기도를 부탁했다.

이렇게 우리나라는 하나님께 기도를 올림으로 세워진 나라이다. 제헌국회를 열면서 이윤영 의원이 기도했던 '선진 한국', '통일 한국', '선교 한국' 세 가지 건국 비전은 모두 다 기독교 신앙에 그 뿌리를 두고 있다.

이승만은 1948년 8월 15일 '대통령취임식'에서 하나님과 동포 앞에서 대통령으로서의 직무를 다할 것을 맹세하며 성경에 손을 얹고 선서한 '남은 자'였다.

그 결과 한국 교회가 부흥되었으며, 현재는 미국 다음으로 28,000명의 선교사를 지구상에 보내고 있는 '선교 한국'이 되었다. 약 200개의 나라 중 열 번째 '경제 한국', '선진 한국'이라고 한다. 이제 '통일 한국'이 우리 남은 자들의 숙제이다.

이 모든 것은 믿음의 '남은 자'들이 뿌린 씨앗이 있었기 때문이다.

그 중에 십분의 일이 오히려 남아 있을찌라도 이것도 삼키운바 될 것이나 밤나무, 상수리나무가 베임을 당하여도 그 그루터기는 남아 있는 것 같이 거룩한 씨가 이 땅의 그루터기니라(사 6:13).

제5장

남은 자의 은유적 표현과 의미

1. 이슬 같고 단비 같은 존재들

야곱의 남은 자는 많은 백성 중에 있으리니 그들은 여호와에게로서 내리는 이슬 같고 풀위에 내리는 단비 같아서 사람을 기다리지 아니하며 인생을 기다리지 아니할 것이며(미 5:7).
(The remnant of Jacob will be in the midst of many peoples like dew from the LORD, like showers on the grass, which do not wait for man or linger for mankind.)

'이슬'과 '단비'는 하나님께서 멸하지 않고 남기신 이스라엘과 남은 자들을 말한다. 또한, '남은 자'에게 새롭게 하고, 자극을 주고, 소생하게 하는 상징적인 표현이다.

내가 이스라엘에게 이슬과 같으리니 저가 백합화 같이 피겠고 레바논 백향목 같이 뿌리가 박힐 것이라(호 14:5).

(I will be like the dew to Israel; he will blossom like a lily. Like a cedar of Lebanon he will send down his roots;)

새벽 이슬 같은 주의 청년들이 주께 나오는도다(시 110:3).
(Your troops will be willing on your day of battle. Arrayed in holy majesty, from the womb of the dawn you will receive the dew of your youth.)

헐몬의 이슬이 시온의 산들에 내림 같도다 거기서 여호와께서 복을 명하셨나니 곧 영생이로다(시 133:3).
(It is as if the dew of Hermon were falling on Mount Zion. For there the LORD bestows his blessing, even life forevermore.)

하나님이 욥에게 대답하실 때 "이슬 방울은 누가 낳았느냐"(욥 38:28)라고 말씀하셨다. 이는 이슬의 기원은 하늘에 있다는 것이다(창 27:28; 신 33:28).

이슬은 갑자기 내리고(삼하 17:12), 부드럽게 내리고(신 32:2), 밤새도록 내리고(욥 29:19), 추수하는 더운 여름에 내린다(사 18:4). 또한, 여름 농작물에 유익하고, 축복의 근원이 되며, 마른 땅을 젖혀 주며, 젊은 군사들의 용맹과 신선함을 의미할 수도 있다.

헐몬 산 꼭대기는 눈으로 덮여 있기 때문에 강수량이 상당히 부족한 지역임에도 시온 산보다 이슬이 더 많다. "헐몬의 이슬이 마르고 먼지 많은 시온에 덜어진다"라는 묘사는 만족할 만하고 행복한 상황이며, 하나님이 축복을 베푼 것을 의미한다. 헐몬 산의 이슬이 요단 강물의 근원이며, 예루살렘 성전의 수원이 된다.

하나님은 하늘의 이슬과 땅의 기름짐이며 풍성한 곡식과 포도주로 네게 주시기를 원하노라(창 27:28).
(May God give you of heaven's dew and of earth's richness-- an abundance of grain and new wine.)

이슬과 단비는 새롭게 하고 소성하게 하는 상징적인 표현이다. 하나님이 멸하지 않고, 남기신 이스라엘의 '남은 자'를 의미한다. 그리고 하나님이 이스라엘에 주시는 '축복의 말씀'이다.

나의 교훈은 내리는 비요 나의 말은 맺히는 이슬이요 연한 풀 위에 가는 비요 채소 위에 단비로다(신 32:2).
(Let my teaching fall like rain and my words descend like dew, like showers on new grass, like abundant rain on tender plants.)

이슬과 단비는 생명의 주가 되신 예수 그리스도와 그분이 주시는 은총을 의미하기도 한다.

저는 벤 풀에 내리는 비 같이, 땅을 적시는 소낙비 같이 임하리니(시 72:6).
(He will be like rain falling on a mown field, like showers watering the earth.)

주께서 밭고랑에 물을 넉넉히 대사 그 이랑을 평평하게 하시며 또 단비로 부드럽게 하시고 그 싹에 복 주시나이다(시 65:10).
(You drench its furrows and level its ridges; you soften it with showers and bless its crops.)

또한, 이는 이슬과 단비의 은총을 입는 성도들의 존재를 의미한다.

주의 죽은 자들은 살아나고 우리의 시체들은 일어나리이다 티끌에 거하는 자들아 너희는 깨어 노래하라 주의 이슬은 빛난 이슬이니 땅이 죽은 자를 내어 놓으리로다(사 26:19).

(Though grace is shown to the wicked, they do not learn righteousness; even in a land of uprightness they go on doing evil and regard not the majesty of the LORD.)

주의 권능의 날에 주의 백성이 거룩한 옷을 입고 즐거이 헌신하니 새벽 이슬 같은 주의 청년들이 주께 나오는도다(시 110:3).

(Your troops will be willing on your day of battle. Arrayed in holy majesty, from the womb of the dawn you will receive the dew of your youth.)

남은 자들은 여호와로부터 내리는 이슬 같고, 풀 위에 내리는 단비와 같다. 이슬과 단비가 마른 풀을 살리듯이, 야곱의 남은 자들은 많은 사람 가운데 있으면서 그들에게 좋은 영향과 선한 영향을 끼치게 될 것이다.

남은 자들은 "여호와로부터 내리는 이슬 같다"라고 했다.

이슬은 즉시 사라진다. 아주 미약하다.

그러나 다른 어떤 것으로도 이룰 수 없는 능력으로 식물들의 생명력을 소생시키고, 활력을 부어 주는 힘을 제공한다. 초목을 살게 하고, 자라게 한다. 땅을 비옥하게 한다.

하나님은 이스라엘을 향해 "이슬과 같다"라고 말씀하셨다. 이슬과 같은 하나님의 은혜가 임해야만 우리는 백합화와 같이 피어날 수 있고, 레바논의 백향목과 같이 뿌리가 깊이 박힌 큰 나무가 될 수 있다.

하나님은 모세를 통하여 말씀하셨다.

> 나의 교훈은 내리는 비요 나의 말은 맺히는 이슬이요 연한 풀 위에 가는 비요 채소 위에 단비로다(신 32:2).
>
> (Let my teaching fall like rain and my words descend like dew, like showers on new grass, like abundant rain on tender plants.)

이처럼 남은 자들은 연한 풀 위의 가는 비 같고, 채소 위의 단비와 같은 하나님의 은혜를 받았다. 남은 자들은 구원받은 자, 성도를 의미한다. 그러므로, 우리는 아침 이슬과 같다.

> 주의 권능의 날에 주의 백성이 거룩한 옷을 입고 즐거이 헌신하니 새벽 이슬 같은 주의 청년들이 주께 나오는도다(시 110:3).
>
> (Your troops will be willing on your day of battle. Arrayed in holy majesty, from the womb of the dawn you will receive the dew of your youth.)

이슬과 같은 남은 자들은 다른 사람들에게 영적인 힘을 공급하고 삶에 활력을 불어 넣어주는 빛과 소금의 역할을 해야 한다.

하나님이 우리에게 주시는 은혜는 이슬과 같고, 단비와 같은 은혜이다.

> 주께서 밭고랑에 물을 넉넉히 대사 그 이랑을 평평하게 하시며 또 단비로 부드럽게 하시고 그 싹에 복 주시나이다(시 65:10).
> (You drench its furrows and level its ridges; you soften it with showers and bless its crops.)

남은 자들은 오직 하나님을 은혜의 단비 속에 살아가야 한다. 그 단비를 맞고 이슬과 같은 은혜, 단비와 같은 은혜를 세상을 향해 끼치며 살아야 한다.

> 야곱의 남은 자는 열국 중과 여러 백성 중에 있으리니 그들은 수풀의 짐승 중의 사자 같고 양떼 중의 젊은 사자 같아서 만일 지나간즉 밟고 찢으리니 능히 구원할 자가 없을 것이라(미 5:8).
> (The remnant of Jacob will be among the nations, in the midst of many peoples, like a lion among the beasts of the forest, like a young lion among flocks of sheep, which mauls and mangles as it goes, and no one can rescue.)

이슬과 단비 같은 존재인 남은 자가 사자와 젊은 사자와는 너무나 대조되는 비유의 말씀이다.

이것은 남은 자들이 이슬과도 같고, 단비와도 같은 열매를 풍성하게 맺는 축복의 존재임을 알려주는 것이다.

동시에 사자와 젊은 사자같이 용맹스럽고 힘이 있어 원수와 대적과 세상, 그리고 사탄과 그의 추종자들을 능히 이길 수 있다는 말씀이다. 악의 세력을 사자처럼 발로 밟고, 사자처럼 찢어 버리는 능력을 하나님이 주신다는 뜻이다.

이에 대해 요한계시록 5:4에는 유대 지파를 사자로, 또한 이긴 자로 표현하고 있다.

> 이것을 너희에게 이름은 너희로 내 안에서 평안을 누리게 하려함이라 세상에서는 너희가 환난을 당하나 담대하라 내가 세상을 이기었노라 하시니라(요 16:33).
> ("I have told you these things, so that in me you may have peace. In this world you will have trouble. But take heart! I have overcome the world.")

주님의 승리가 믿는 자의 승리요, 남은 자의 승리 보장이다.
남은 자는 반드시 이긴다. 이기게 되어 있다. 이긴 싸움이다.
그 결과는 '이미 승리'이다.

아멘!
할렐루야!

> 나의 대적이여 나로 인하여 기뻐하지 말찌어다 나는 엎드러질찌라도 일어날 것이요 어두운데 앉을찌라도 여호와께서 나의 빛이 되실 것임이로다(미 7:8).
> (Do not gloat over me, my enemy! Though I have fallen, I will rise. Though I sit in darkness, the LORD will be my light.)

"엎어질지라도 다시 일어나게 된다"는 남은 자를 향한 약속!

이는 회개하는 자에게 주시는 약속이다.

일흔 번씩 일곱 번이라도 용서해 주시는 무한한 주님의 용서에 근거한다.

> 네게 이르노니 일곱번 뿐 아니라 일흔번씩 일곱번이라도 할찌니라(마 18:22).
> (Jesus answered, "I tell you, not seven times, but seventy-seven times.)

> 대저 의인은 일곱번 넘어질찌라도 다시 일어나려니와 악인은 재앙으로 인하여 엎드러지느니라(잠 24:16).
> (for though a righteous man falls seven times, he rises again, but the wicked are brought down by calamity.)

하나님의 은혜의 역사가 있으므로 의인은 다시 일어난다.
남은 자는 반드시 승리가 보장되어 있다.

> 대저 하나님께로서 난 자마다 세상을 이기느니라 세상을 이긴 이김은 이것이니 우리의 믿음이니라(요일 5:4).
> (for everyone born of God overcomes the world. This is the victory that has overcome the world, even our faith.)

> 아비들아 내가 너희에게 쓰는 것은 너희가 태초부터 계신 이를 앎이요 청년들아 내가 너희에게 쓰는 것은 너희가 악한 자를 이기었음이니라(요일 2:13).
> (I write to you, fathers, because you have known him who is from the beginning. I write to you, young men, because you have overcome the evil one. I write to you, dear children, because you have known the Father.)

남은 자는 사자처럼, 특히 젊은 사자처럼 원수와 마귀와 모든 대적들을 이기고, 또 이길 것이다.

오늘날 교회와 성도들을 악의 길로 유혹하는 사탄의 무리들(WCC, WEA 등)을 반드시 이길 것을 약속해 주셨다.

2. 십분의 일인 존재들

> 그 중에 십분의 일이 오히려 남아 있을찌라도 이것도 삼키운바 될 것이나 밤나무, 상수리나무가 베임을 당하여도 그 그루터기는 남아 있는 것 같이 거룩한 씨가 이 땅의 그루터기니라(사 6:13).
> (And though a tenth remains in the land, it will again be laid waste. But as the terebinth and oak leave stumps when they are cut down, so the holy seed will be the stump in the land.")

이사야 선지자는 밤나무, 상수리나무가 삼키움을 당하고 베임을 당한 중에서도 남아 있는 존재는 있다고 말한다.

그들이 바로 '십분의 일'의 존재!
곧, '남은 자'이다.

비록, '십분의 일'에 불과하지만, 그들은 하나님께서 바라보실 때 너무나 가치 있는 존재요, 목적이 있는 존재이다.

숫자는 적지만 하나님의 양식이요, 하나님의 집에 있는 고귀한 존재들이다.

이사야 선지자는 그들을 "거룩한 씨", "이 땅의 그루터기""라고 표현했다. 이들은 남은 자 중에 다시 소멸하고, 또다시 환란을 당하는 중에도 다시 생존하는 아주 귀한 존재들이다. 온갖 위험과 권모술수와 음모와 궤계 속에서도 흔들리지 않고, 불사조처럼 살아남은 복된 존재들이다.

3. 거룩한 씨, 그루터기, 생명의 보존체

남은 자에 대해 "거룩한 씨가 이 땅의 그루터기니라"(사 6:13)라고 표현했다.

씨앗에서 새 생명이 솟아오른다. 그루터기는 가지와 둥지가 잘린 뿌리 부분을 말한다. 그루터기는 가지가 다 잘리고 입이 다 떨어지고 겨우 뿌리 부분만 땅속에 묻혀 생존하고 있는 존재이다. 그 뿌리가 죽지 않고 새싹이 돋아난다. 줄기가 자라고, 꽃이 피고, 열매가 맺는다. 결국, 살아남은 자의 모습이다.

> 나무는 소망이 있나니 찍힐찌라도 다시 움이 나서 연한 가지가 끊이지 아니하며 그 뿌리가 땅에서 늙고 줄기가 흙에서 죽을찌라도 물 기운에 움이 돋고 가지가 발하여 새로 심은 것과 같거니와(욥 14:7-9).
>
> ("At least there is hope for a tree: If it is cut down, it will sprout again, and its new shoots will not fail. Its roots may grow old in the ground and its stump die

in the soil, yet at the scent of water it will bud and put forth shoots like a plant.)

그 가지들을 향하여 자긍하지 말라 자긍할찌라도 네가 뿌리를 보전하는 것이 아니요 뿌리가 너를 보전하는 것이니라(롬 11:18).

(do not boast over those branches. If you do, consider this: You do not support the root, but the root supports you.)

남은 자는 절대 실망하지 않는다.
다시 움이 날 것을 기대하고 희망하고 있다.
이스라엘의 남은 자는 바로 "이 땅"의 뿌리요, 그루터기라고 했다.
약속의 땅, 언약의 땅, 축복의 땅의 그루터기라고 했다.
넓게는 하나님 나라, 좁게는 섬기는 교회가 바로 이 땅의 그루터기이다.
비록 다 잘리고 비록 다 떨어졌지만, 남은 자는 '바로 하나님 나라에, 우리가 머물 곳에, 이곳에 그루터기가 된다'고 하나님은 약속하셨다.
더욱더, 남은 자를 "거룩한 씨"(사 6:13)라고 말씀하셨다.
씨는 종자이다. 생명의 보존체이다. 생명력이 있다.
거룩한 씨, 곧 하나님의 언약의 자손인 믿음의 성도는 남은 반열에 선 거룩한 씨이다. 무한한 생명력을 가진 존재들이다. 얼마든지 풍성한 열매를 맺을 수 있는 존재들이다. 반드시 승리할 수 있는 생명체이다.
이사야 시대는 비록 성읍과 가옥은 무너지고, 거민이 사라지고, 모든 토지는 폐허가 되어 생존의 가능성이 전혀 보이지 않는 어둠의 시대, 절망의 상황, 낙망의 상태였다.

그러나 부름받은 존재, 사명 받은 존재는 '시대의 거룩한 씨앗'이다. '선택을 받은 남은 존재'이다.

이 세상 가운데에서, 아니 껍질을 떨어버리고 남은 알곡, 십분의 일 같은 고귀한 존재들이다.

남은 자들은 바로 주의 영광을 선포할 믿음의 계승자요, 이 땅의 그루터기, 거룩한 씨앗들이다.

언약을 품고, 지켜, 생명이 살아남은 자이다!

그 중에 십분의 일이 오히려 남아 있을찌라도 이것도 삼키운바 될 것이나 밤나무, 상수리나무가 베임을 당하여도 그 그루터기는 남아 있는 것 같이 거룩한 씨가 이 땅의 그루터기니라(사 6:13).

에필로그

성경은 한 사람이 다 기록한 책이 아니고, 약 40명의 저자가 1,600년에 걸쳐 영감을 받아 기록한 내용을 모아 놓은 경전이다. 하나님의 마음을 보여 준 계시이며 66권이 하나로 모인 경전이다. 우리의 구원을 위해 보존된 말씀이며, 성령의 조명의 빛을 통해서 깨닫는다.

이같은 성경, 곧 창세기부터 요한계시록까지는 단 한 가지 내용과 목적을 담고 있는데, 그것은 바로 '예수 그리스도의 피로 맺은 약정(bond in blood)을 기록한 언약'이다.

성경의 내용과 흐름은 구속의 역사이다.

하나님이 이 땅에 하나님 나라를 세우시고, 그 나라를 완성하기 위하여 성부 하나님은 구원을 계획하셨고(엡 1:4-6), 성자 예수님은 구원을 이루시고(엡 1:7-12), 성령 하나님은 구원을 적용하고 인 치신다(엡 1:13-14).

하나님은 창조 전에 구속 언약에서 우리를 택하시고(엡 1:4), 성자 예수님이 성육신하시고, 역사 안에서 구속을 통해 하나님의 나라를 완성하신다.

그러므로 성경 계시는 구속의 역사이며, 하나님의 나라를 이룩해 나아가는 '천국의 발전사'(天國의 發展史)이다.

인간이 행위 언약을 지키지 못하고 죄를 지으므로 하나님은 세상을 심판하기로 작정하셨다.

> 가라사대 나의 창조한 사람을 내가 지면에서 쓸어 버리되 사람으로부터 육축과 기는 것과 공중의 새까지 그리하리니 이는 내가 그것을 지었음을 한탄함이니라 하시니라(창 6:7).
> (So the LORD said, "I will wipe mankind, whom I have created, from the face of the earth--men and animals, and creatures that move along the ground, and birds of the air--for I am grieved that I have made them.")

그런데 완전히 쓸어 버리지 않으시고, 아담과 셋과 노아를 남겨 두셨다. 성경에서는 이들을 '택한 자', 또는 '남은 자'라고 한다.

이처럼 심판하실 때 하나님은 반드시 '남은 자', 곧 '그루터기'를 남겨 두시는데 이것이 성경 전체의 맥을 잡는 아주 중요한 신학 사상이다. 동시에, 이것은 하나님의 놀라운 섭리이기도 하며, 심판 때 모두를 쓸어 버리지 않는 이유이기도 하다.

성경에 나오는 심판의 예와 남은 자들이 있다.

홍수 심판(노아와 8명의 가족), 바벨탑 사건(아브라함), 소돔과 고모라 심판(롯과 두 딸), 세례 요한, 바울, 그리고 둘째 아담인 예수 그리스도이다.

창세기에서 나오는 예를 보면서, 심판이 있고 그 가운데 하나님을 경외하는 자들, 즉 구원받은 자들이 있는데, 이들이 남은 자가 되며, 이 남은 자 이야기가 하나님의 사랑의 이야기임을 알 수 있다.

성경이 기록된 목적이 무엇인가?
하나님의 일하시는 목적이 무엇인가?
예수 그리스도가 성육신하신 목적이 무엇인가?

남은 자들이 하나님 나라를 세우고 하나님께 영광을 돌리게 하기 위함이다.

남은 자가 이 땅에서 하나님 나라를 세우고, 예수님 재림 때 백 보좌 심판과 그리스도 심판대에서 면류관을 받는다. 생명책에 기록된 남은 자들은 새 하늘과 새 땅(계 21:1-22:5), 곧 저 천성에 들어간다.

그러나, 죽은 자들의 행위를 기록한 다른 책(단 7:10)에 있는 사람은 불 못에 던져진다(계 20:15).

'남은 자'는 심판과 재난 이후의 생존자를 말한다.

이 개념은 구약성경에 가끔 등장하지만 매우 중요하다. 자연적이든, 정치적이든, 군사적이든 간에, 모든 재난은 하나님의 분노와 심판에 연결한다. 재난 이후의 남은 자에 대한 기대는 웰빙과 안심이라는 맥락에서 언급될 때 불길한 위협이 된다.

그러한 용례에서, 여호와의 심판 아래 있는 현상 유지(status quo)는 심각하게 붕괴될 것이다.

'남은 자'에 관한 이러한 사용은 더 많은 사람, 현재 살아 있고 잘 지내는 모든 사람이 아니라, '오직(only) 남은 자'만이 살아남게 될 것을 의미한다.

남은 자에 관한 가장 통렬한 이미지는 아모스 3:12에 나타난다.

> 여호와께서 가라사대 목자가 사자 입에서 양의 두 다리나 귀 조각을 건져냄과 같이 사마리아에서 침상 모퉁이에나 걸상에 비단 방석에 앉은 이스라엘 자손이 건져냄을 입으리라(암 3:12).
>
> (This is what the LORD says: "As a shepherd saves from the lion's mouth only two leg bones or a piece of an ear, so will the Israelites be saved, those who sit in Samaria on the edge of their beds and in Damascus on their couches.")

여기에서 이스라엘의 (그리고 그 나라 수도의) 남은 자의 숫자를 사자의 공격 이후 남은 부분("두 다리나 귀 조각"), 곧 얼마 남지 않은 나머지 숫자에 비유한다.

사자가 먹다가 떨어뜨리는 양의 두 다리나 귀 조각처럼 아주 보잘것없는 극소수의 무리라는 것이다.

그 모습에 향해 하나님은 이렇게 말씀하신다.

> 주 여호와께서 가라사대 이스라엘 중에서 천명이 나가던 성읍에는 백명만 남고 백명이 나가던 성읍에는 열명만 남으리라 하셨느니라(암 5:3).
>
> (This is what the Sovereign LORD says: "The city that marches out a thousand strong for Israel will have only a hundred left; the town that marches out a hundred strong will have only ten left.")

이스라엘을 세워 나가야 할 백성, 그 남은 자의 수가 매우 적다는 황폐성, 심각성을 나타내 준다.

전쟁에 동원된 용사가 1,000명, 100명이었으나, 살아남은 자는 그 중 100명과 10명뿐이다. 이런 비유를 들으며, 하나님의 영적 이스라엘의 숫자가 감소하는 것에 대해 애통할 일이다.

그러나 동일한 언어가 긍정적인 확신의 기능을 할 수도 있다.

심판의 혹독함에도 불구하고 몇몇 사람은 여호와의 긍휼과 배려로 인해 생존하기 때문이다. 하나님이 하나님의 분노를 억제했고, 재난으로부터 몇몇 사람을 보호했기 때문에 완전히 멸망하지는 않을 것이다.

물론 그 결과는 남은 자에 포함된 자들에게는 좋은 소식이지만, 남은 자에 포함되지 않은 모든 자에게는 나쁜 소식(bad news)이다.

사랑하는 '남은 자' 여러분!
우리는 이 시대에 언약을 지켜 생명을 얻는 '남은 자', 하나님의 상속자'임을 잊지 말자.

남은 자의 삶은 포기의 삶이 아니다.
배신의 삶이 아니다.
좌절의 삶이 아니다.
불신의 삶이 아니다.
불만의 삶이 아니다.
눈물의 삶이 아니다.
결코 부정의 삶이 아니다.

남은 자의 삶은 긍정적인 삶이다.
믿음의 선진처럼 인내하는 삶이다.
온전케 하시는 이인 예수를 바라보는 믿음의 삶이다.

승리의 삶이다.
감사의 삶이다.
섬김의 삶이다.
기쁨의 삶이다.
헌신의 삶이다.
영광의 삶이다.
영원한 기대하는 부활의 삶이다.

이것이 바로 '남은 자 신학'의 결론이다.

1. 남은 자는 현재의 심판을 전제하며 인류 전체를 멸하지 않고 남은 자를 두셨다.
2. 남은 자는 현재 소수로 남은 십분의 일도 폐하므로 극히 적은 숫자이다.
3. 남은 자는 미래의 풍성한 회복과 면류관을 받는다.
4. 남은 자는 거룩한 씨, 그루터기, 새움, 언약 백성이다.
5. 남은 자는 새 하늘과 새 땅에 들어간다.

> 하늘에 있는 것이나 땅에 있는 것이 다 그리스도 안에서 통일되게 하려 하심이라 (엡 1:10).
>
> (to be put into effect when the times will have reached their fulfillment--to bring all things in heaven and on earth together under one head, even Christ.)

이것들을 증거하신 이가 가라사대 내가 진실로 속히 오리라 하시거늘 아멘 주 예수여 오시옵소서(계 22:20).

(He who testifies to these things says, "Yes, I am coming soon." Amen. Come, Lord Jesus.)

예수 그리스도가 때가 찬 경륜으로(엡 1:9) 재림하시면 창세기 1:1에 소개된 천지(天地)의 천(天)은 영적 세계인 그 하늘(the heaven)로, 새 예루살렘으로 완성될 것이다. 또한, 물질의 세계인 지(地)는 그 땅(the earth)으로 발전이 완성되어 서로 통합함으로 우리의 본향으로 완성될 것이다.

그래서 새 하늘과 새 땅인 하나님의 나라 새 예루살렘이 완성된다. 그리스도가 속히 오실 것이며 남은 자는 기쁨과 소망 가운데서 주님의 오심을 고대한다. 그리스도가 주시는 하늘의 은혜가 넘칠 것이다.

할렐루야!

사랑하는 '남은 자' 여러분!
우리 각자가 세상을 살리는 '남은 자'들이 되기를 바란다.
우리 각자가 교회를 살리는 '창조적 소수'가 되기를 바란다.
우리 각자가 가정을 살리는 '그루터기'가 되기를 바란다.
우리 각자가 영적 비용을 지불한 '상속자'가 되기를 바란다.

우리 모두 이 일을 위해 기도하며, '내가 남은 자'가 되길 간절히 소원하자!

여기에 우리 모두가 힘있게 동참할 때, 하나님 나라의 이야기들이 사방 곳곳으로 퍼져 나가고, 시공을 초월하여 서로가 서로에게 격려하며 널리 퍼지게 될 것이다.

'내가 이 땅의 그루터기'가 되어 하나님 나라를 이루어 가는 내일을 희망해 보자!
우리 서로 새 하늘과 새 땅에서 만나자!

할렐루야!

그 중에 십분의 일이 오히려 남아 있을찌라도 이것도 삼키운바 될 것이나 밤나무, 상수리나무가 베임을 당하여도 그 그루터기는 남아 있는 것 같이 거룩한 씨가 이 땅의 그루터기니라(사 6:13).